Figuren für Kindertheater.
Zweiter Bogen.

Der Fürst.   Die Fürstin.   Hofkavalier.   Hofrath.   Adjutant.

Der Amtmann.   Der Doktor.   Die Pächterin.   Die Pächterstochter.   Der Advokat.

Der Förster.   Der Leibschütz.   Der Invalide.   Der Wächter.   Bauer.

Münchener Bilderbogen.   **Nro. 307.**   Herausgegeben und verlegt von K. Braun und F. Schneider in München.

3. Auflage.   Kgl. Hofbuchdruckerei von Dr. C. Wolf & Sohn in München.

Christel Hoffmann   Die Pfosten sind, die Bretter aufgeschlagen,
und jedermann erwartet sich ein Fest

Komödiantenbühne mit
Quacksalber, Gemälde von
Francisus Carré, 1663

Christel Hoffmann

Die Pfosten sind, die Bretter aufgeschlagen, und jedermann erwartet sich ein Fest

Theater von Aischylos bis Brecht

Der Kinderbuchverlag Berlin

Innere Ansicht des
Königlichen Hoftheaters
zu Dresden

Äußere Ansicht des
Königlichen Hoftheaters
zu Dresden

Was ist Theater?

Eine der ältesten Künste der Menschheit

Das Theater ist eine der ältesten Künste der Menschheit. Wir kennen seine Geschichte und wissen doch wenig von ihr, denn das Theater überliefert sein Kunstwerk, die Aufführung, nicht. Es hinterläßt keine Skulpturen, Bauten, Gemälde, keine Aufzeichnungen von Worten oder Tönen und auch keine Filmstreifen: Es ist ein einmaliges, unwiederholbares Ereignis. Wir besitzen Abbildungen und Beschreibungen von Theateraufführungen, aus unserem Jahrhundert auch Filme, Platten und Bänder von ihnen, die Aufführungen selbst aber besitzen wir nicht, so wie wir Bilder oder Bücher haben. Theater

Theater ist ein unwiederholbares Ereignis

läßt sich nicht festhalten, auch durch den Film nicht, denn eine gefilmte Theateraufführung ist weder Theater noch Film, sondern eben eine gefilmte Theateraufführung. Theater ist gefesselt an den Augenblick, in dem es entsteht und in dem es sogleich vergangen ist.

Aber, so kann gefragt werden, die Aufführungen werden doch eine gewisse Zeit jeden Abend wiederholt, nach einem Textbuch und in einer festgelegten Einstudierung?

Die abendlichen Aufführungen eines Stückes durch dasselbe Ensemble gleichen sich in Wirklichkeit keineswegs.

Unter der Leitung des Regisseurs haben die Schauspieler ihr Zusammenspiel zwar festgelegt, das Stück «in Szene gesetzt», also «in – sze – niert», aber zwischen der Inszenierung und den Vorstellungen besteht ein wesentlicher Unterschied. Denn am Abend der Aufführung kommt ein neuer Spieler hin-

Der Zuschauer als Mitspieler

zu: das Publikum. Erst dieses Publikum «verwirklicht» das Kunstwerk Aufführung, indem es mittels seiner Vorstellungskraft ein Gebilde aus Holz, Pappe, Farbe für einen Festsaal nimmt und durch eine Fähigkeit des Menschen, sich in die Lage eines anderen Menschen zu versetzen, die Geschichte der Liebe von Romeo und Julia «mitspielt». Der Zuschauer vergißt dabei nicht, daß er sich in einem Theater befindet und nicht etwa in Verona, aber er beobachtet auch nicht nur, was auf der Bühne geschieht, sondern nimmt teil am Geschehen, indem er es sich vorstellt. Dieser Vorgang ist das Geheimnis des Theaters und ein Grund seines unvergänglichen Reizes.

Deshalb gibt es kein Theater ohne Publikum, weil das Kunstwerk des Theaters, die Aufführung, nur existiert im Bewußtsein der «Spieler», auf der Bühne und im Zuschauerraum.

Viele Künste wirken zusammen

Der Schauspieler ist mit seiner Kunst auf der Bühne allerdings nicht allein. Der Schriftsteller hat ihm einen Text geschrieben, der Komponist eine Musik komponiert, die von Musikern und Sängern vorgetragen wird, der Bühnenbildner hat aus dürftigem Material eine Festung, eine Winterlandschaft, ein Büro anfertigen lassen, Tänze und Pantomimen sind einstudiert worden. Viele Künste wirken am Abend einer Aufführung zusammen: die Dichtkunst, die Musik, die bildende Kunst, die Tanzkunst und gelegentlich auch

Die Kunst
des Schauspielers

die Filmkunst. Das Theater wird deshalb als eine «synthetische» Kunst bezeichnet, weil es verschiedene «Schwesterkünste» vereinigt. Die wichtigste aber dieser Künste ist auf dem Theater die Kunst des Schauspielers. Sie besteht darin, daß ein Mensch einen anderen Menschen durch sich selbst darstellt, und zwar für einen Dritten, den Zuschauer. Diese Darstellung ist aber nun nicht einfach die Nachahmung eines anderen wirklichen Menschen, so wie Kinder sich «nachäffen», um sich zu verspotten, sondern sie ist immer eine Erfindung, die Schöpfung einer Phantasiegestalt, die im Augenblick des Spiels geschaffen, «gemimt» wird. Dafür stehen dem Darsteller die Sprache, der Gesang und die körperliche Bewegung zur Verfügung. Entsprechend diesen drei Grundfähigkeiten des Menschen hat sich das Theater in drei Gruppen spezialisiert: in das Sprechtheater (Tragödie, Komödie, Schauspiel), das Musiktheater (Oper, Operette, Musical) sowie in das Tanztheater

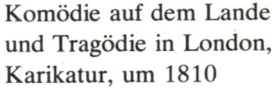

Komödie auf dem Lande
und Tragödie in London,
Karikatur, um 1810

Oben:
Theaterloge, um 1877

Unten:
Claqueure, bestellte
Beifallsklatscher,
Karikatur, 19. Jahrhundert

(Ballett). Allerdings sind diese drei Gruppen nicht streng voneinander geschieden. In vielen Schauspielen wird auch gesungen und getanzt, und in Werken des Musiktheaters sind gesprochene Partien enthalten. Die moderne Form des Musicals lebt sogar von dieser Mischung – viele Musicals sind nach bekannten Schauspielen oder Komödien geschrieben.

Die darstellenden Künste

Das Darstellen von Menschen treffen wir aber nicht nur auf dem Theater an. Durch die Entwicklung des Films, des Fernsehens und des Hörfunks sind in unserem Jahrhundert neue Künste entstanden, die ebenfalls auf dem Prinzip der Darstellung beruhen und deshalb, zusammen mit dem Theater, die darstellenden Künste genannt werden.

Als der Film aufkam, wurde ihm prophezeit, daß er das Theater ablösen werde, denn er habe die Möglichkeit, Aufführungen mit den besten Schauspielern in immer gleichbleibender Qualität und bei nur geringen Kosten bis in

Theaterspiel während
eines Wohngebietsfestes
in Berlin

Theater neben Film
und Fernsehen

das kleinste Dorf zu bringen. Tatsächlich trat der Film einen Siegeszug ohnegleichen um die Welt an; noch niemals zuvor in der Geschichte waren so viele Menschen von der darstellenden Kunst erreichbar. Eine gigantische Industrie tat sich auf, aber es wurden nicht nur Geschäfte gemacht, sondern auch ganz neue Möglichkeiten der Darstellung von Menschen durch Menschen entdeckt. Nur eines erreichte der Film nicht: die Ablösung des Theaters. Als das Fernsehen entwickelt wurde, sagte man dem Kinofilm seinen Niedergang voraus, denn das Fernsehen erreiche sein Publikum noch direkter, bequemer und beständiger. Warum noch das Kino aufsuchen, wenn man nur einen Knopf zu bedienen braucht? Auch diese Voraussage ist nicht eingetroffen. Der Fernsehapparat steht heute fast in jedem Haushalt, aber der Kinofilm befriedigt weiter bestimmte Bedürfnisse seines Publikums.

Sicher hat das Theater durch den Film, hat der Film durch das Fernsehen Zuschauer eingebüßt, insgesamt aber ist die Zahl derjenigen Menschen, die darstellende Kunst aufnehmen, heute unvergleichlich größer denn je. Theater, Film und Fernsehen besitzen ihre Daseinsberechtigung nebeneinander, weil jede dieser Künste ihre Besonderheiten und Vorzüge hat.

Im Theater arbeitet
der Schauspieler
öffentlich

Was ist das Besondere des Theaters gegenüber seinen Partnern Film und Fernsehen? Wenn sich im Theater der Vorhang hebt, sind die Schauspieler auf der Bühne unmittelbar anwesend. Sie können sich deshalb niemals in ihrer Rolle selbst sehen. Wenn sie für das Fernsehen oder den Film gearbeitet haben, besteht die Möglichkeit, daß sie sich selbst zuschauen. Dafür müssen sie in Kauf nehmen, daß sie die Rolle nicht vor einem wirklich anwesenden Publikum, sondern vor einer Kamera und vor einem Aufnahmeteam spielen. So wertvoll es für den Schauspieler ist, die eigene Arbeit an der Aufzeichnung kontrollieren zu können – so ist es für ihn gleichermaßen von Nutzen und mit schöpferischem Spaß verbunden, wenn er auf das Lachen des Zuschauers, auf die gespannte Stille im Zuschauerraum oder auf einen Zuruf eingehen kann. Obgleich der Schauspieler im Film oder auf dem Bildschirm mehr Menschen erreicht, arbeitet er nur im Theater öffentlich.

Theater als
Kollektiverlebnis

Im Theater haben die Zuschauer ebenfalls Kontakt zueinander; das Publikum erlebt die Aufführung als ein Kollektiv, das nur dieses eine Mal in dieser Zusammensetzung besteht. Schauspielerensemble und Publikum sind für die Dauer einer Aufführung eine Einheit, die an jedem Theaterabend anders ausfällt, eine andere Atmosphäre hat, stärker oder schwächer «zusammenspielt». Deshalb sprechen die Theaterleute auch von einem guten oder von einem schlechten Publikum.

Das Theater wirkt, wie jede Kunst, indem es Vergnügen bereitet. Freilich waren die Vergnügungen an den Tragödien und Komödien im antiken Griechenland andere als an den Aufführungen in den Londoner Theatern der Shakespeare-Zeit oder in denen Moskaus nach der siegreichen Oktoberrevolution.

Das Theater unterhält sein Publikum damit, daß es das Leben der Menschen abbildet. Die Menschen können daraus etwas über sich, über ihr Zusammenleben, die Gesellschaft also, erfahren.

In seiner Rede an die Schauspieler sagt Hamlet vom Theaterspielen, daß sein *«Zweck sowohl anfangs als jetzt war und ist, der Natur gleichsam den Spiegel vorzuhalten: der Tugend ihre eigenen Züge, der Schmach ihr eigenes Bild und dem Jahrhundert und Körper der Zeit den Abdruck seiner Gestalt zu zeigen.»*

Wie das Theater in die Welt kam

Das griechische und römische Theater

Vorformen des Theaters

Wir können für die Entstehung des Theaters keinen Zeitpunkt angeben, wie das zum Beispiel für eine wissenschaftliche Entdeckung möglich ist. Die Menschheit hat viele Jahrtausende dazu gebraucht. Die ersten nachahmenden Spiele waren ursprünglich noch nicht Theater, wie wir es heute kennen. Die Menschen der Urgesellschaft wußten noch sehr wenig von der Natur, die sie umgab und der sie die Mittel zum Leben abgewinnen mußten. Sie hatten keine Kenntnis von den Gesetzen der Natur. Deshalb glaubten sie, daß hinter den sichtbaren Naturkräften unsichtbare Wesen, Götter, Dämonen, gute und böse Geister walten. Diese Wesen suchten sie günstig für sich zu stimmen. Die Jäger vollführten Tänze, um eine erfolgreiche Jagd zu beschwören. Die Ackerbauern begrüßten mit Tänzen und Gesängen alljährlich den Frühling, der die schwere Zeit des Winters verscheuchte und die neue Aussaat ermöglichte. Die Fischer wollten auf diese Weise einen reichen Fischfang und die Viehzüchter gesunden Zuwachs für ihre Herden herbeiführen. Diese Ritualspiele (Ritus = Brauch) wurden von Generation zu Generation über-

Satyrn umtanzen
Prometheus, Vasenbild

liefert. Die Mitwirkenden bemalten oder maskierten ihre Gesichter und benutzten bestimmte Gegenstände, um die Spiele für die Götter und die Menschen besonders eindringlich zu gestalten. In diesen Spielen lagen bereits die Keime des Theaterspielens verborgen. Wie alle menschlichen Fähigkeiten ist auch die Fähigkeit zum nachahmenden Spiel in der gemeinsamen Arbeit geboren und ausgebildet worden. Das Ritualspiel war aber natürlich noch kein Theaterspielen im uns gewohnten Sinne. Damit es sich dahin entwickeln konnte, mußte ein wichtiger Schritt getan werden: der Mensch sprengte die Gebundenheit des Spiels an Naturvorgänge und begann, sich selbst sowie sein Zusammenleben mit anderen Menschen spielend nachzuahmen. Dieser Vorgang fand vor über zweieinhalbtausend Jahren in Griechenland statt. Dort entstand zuerst eine Form des Zusammenlebens der Menschen, die das Entstehen von Theater begünstigte, ja erforderte. Es war die Sklavenhalterdemokratie, ein merkwürdiges Wort und uns nicht mehr ohne weiteres verständlich, denn wie kann sich eine Demokratie (= Volksherrschaft) auf der Sklaverei, also auf dem Besitzen von Menschen, aufbauen? Tatsächlich waren die griechischen Sklaven (von den Eroberungskriegen mitgebrachte Gefangene, auch verarmte oder in Schuldknechtschaft geratene Griechen) ganz und gar rechtlos, sie waren arbeitende Mehrheit. Die sogenannten

Spiel, aus gemeinsamer Arbeit geboren

Andromeda-Krater,
Prügelszenen

Andromeda, an einen Felsen
gefesselt, Vasenbild

Chor der Reiter,
Vasenbild

freien Bürger hingegen übten über ihre Volksversammlung großen Einfluß auf alle Angelegenheiten des Staates aus. Die Entstehung des antiken (antik = alt) Theaters hängt eng mit dieser ersten Demokratie zusammen, ja das Theater war selbst ein Ort, an dem Demokratie ausgeübt wurde. Zum anderen war die antike Kultur schon weit von den primitiven Vorstellungen von der Naturunterworfenheit des Menschen entfernt. Wenn man davon absieht, daß der Sklave im allgemeinen nicht als Mensch galt, entwickelte die griechische Antike zum ersten Male eine Kultur, die ganz auf dem harmonisch ausgebildeten Menschen beruhte. Deshalb konnte hier zum ersten Male in der Geschichte der Mensch sich selbst in seinem Zusammenleben ‹nachahmend spielen›. In allen anderen überlieferten Kulturen jener Zeit verhinderten religiöse Vorstellungen oder politische Herrschaftsverhältnisse oder der allgemeine Stand der wirtschaftlichen Entwicklung diesen Schritt.

Theater der griechischen Antike

Das Theater der alten Griechen entstand aus dem Dionysoskult und blieb lange an ihn gebunden. Dionysos war die Gottheit der Fruchtbarkeit, der Schutzherr des Weinanbaus und der Feldarbeit. Er war ein niederer Gott, ein Gott der Ackerbauern, und er wurde zunächst auch vor allem auf dem Lande verehrt. Nach der überlieferten griechischen Göttergeschichte wuchs Diony-

Schauspielermaske

Reliefdarstellung eines Schauspielers

Schauspielermaske

Schauspielermaske

sos, ein unehelicher Sohn des Gottes Zeus und einer nichtgöttlichen, einer menschlichen Frau, in der Fremde auf. Nach vielem Umherirren kam er endlich in seine Heimat zurück, begleitet von den ziegenfüßigen Satyrn und den in Tierfellen gehüllten Mänaden, auch Bacchantinnen genannt. Dionysos hieß auch Bacchos, der «Lärmende», und lärmende Fröhlichkeit umgab die Feste, die von den Griechen alljährlich an bestimmten Tagen zu Ehren dieser Gottheit veranstaltet wurden. Von den Umzügen zum Altar des Dionysos und den anschließenden Festen mit Possenreißerei, Trinkgelagen und überschäumender Lebensfreude ist einiges im späteren Fastnachts- und Karnevalstreiben erhalten geblieben.

Dionysoskult in Athen Im 6. Jahrhundert v. u. Z. wurde der Dionysoskult in Athen, der wichtigsten griechischen Stadt, staatlich anerkannt, diese Festtage zu offiziellen Feiertagen erklärt und der nur «halbgöttliche» Dionysos selbst gleichberechtigt neben die andern Gottheiten im griechischen Götterhimmel, dem Pantheon, gestellt. Damit wollte der damalige Herrscher Peisistratos die bäuerliche Bevölkerung für sich gegen die mächtigen Adelsgeschlechter gewinnen. Im darauffolgenden Jahrhundert wurden die Feste zu Ehren des Gottes Dionysos der Anlaß für regelmäßige Theateraufführungen, die ähnlich den sportlichen Wettkämpfen der Athener als Wettkämpfe der Dramatiker ausgefochten wurden.

Das Theater von Epidaurus. Es ist das einzige fast in seiner ursprünglichen Form erhaltene antike Theaterbauwerk. Es faßt rund 14 000 Zuschauer. Blick von den Sitzreihen auf die kreisrunde Orchestra und die Überreste der Skene. Erbaut von Poyklet um 330 v. u. Z.

Theatron, Orchestra, Skene, Logeion

Dafür errichteten die Griechen riesige Theaterbauten. Das Dionysostheater am Südabhang der Akropolis in Athen faßte 17 000 Zuschauer, das in Megalopolis gar 44 000. Die Theatergebäude bestanden aus dem Theatron (Zuschauerplätze), der Orchestra (Spielfläche) und der Skene, ein Gebäude, das die Orchestra nach hinten abschloß und in dem sich die Schauspieler umziehen und ihre Requisiten aufbewahren konnten.

Im Laufe der Entwicklung wurde die Skene in das Spiel einbezogen. Später setzte man vor die Skenen sogenannte Pro-Skenen, niedrige Anbauten, die mit der Skene durch ein Holzdach verbunden waren. Diese Überdachung erhielt den Namen Logeion. Im 3. Jahrhundert wurde das Logeion zur Spielfläche für die Haupthandlung.

Wir sind hier auf fünf Wörter gestoßen, die in allen europäischen Sprachen bis heute zur Fachsprache des Theaters gehören. Ihr Inhalt hat sich allerdings gewandelt. Aus dem Zuschauerraum Theatron ist Theater als Begriff sowohl für das Theatergebäude selbst wie für die Kunst, die darin geübt wird, geworden. Mit Szene bezeichnen wir einen bestimmten Abschnitt eines Stückes oder einer Aufführung, aber manchmal auch die Bühne (auf der Szene sein) oder das Einstudieren eines Stückes (in Szene setzen, inszenieren). Die damals so wichtige Orchestra ist auf den Orchestergraben geschrumpft, also die vor der Bühne befindliche Vertiefung, in der die Musiker sitzen. Da-

Herakles, Statuette

Zwei betrunkene Alte,
Figuren aus der
griechischen Komödie,
4. Jahrhundert v. u. Z.

für hat die Orchestra als Mutter des Wortes Orchester ihre Spuren in unserem Sprachgebrauch hinterlassen. Das Proskenion hat als Proszenium, das ist die Vorbühne zwischen Bühne und Zuschauerraum, die Zeiten überdauert, und Logeion finden wir in dem Wort Loge wieder, jenen kleinen Zuschauerkabinen mit den besonders teuren Plätzen. In Griechenland entstand mithin nicht nur das Theater selbst, sondern zugleich auch der Grundbestand seiner Fachsprache.

Thespis

Der früheste uns bekannte griechische Dramatiker ist Thespis. Er nahm 534 v.u.Z. an den ersten dramatischen Wettkämpfen in Athen teil und soll dafür den Tragödienpreis, eine Ziege, bekommen haben. Wir sprechen heute noch manchmal vom Thespiskarren, wenn wir Theater meinen, weil Thespis und seine Truppe das Land in einem Karren durchreist haben soll, was wir aber so genau nicht wissen. Sicher und viel bedeutungsvoller ist aber, daß Thespis zum ersten Male dem Chor einen Solisten, einen Sprecher gegenüberstellte und damit die griechische Tragödie begründete.

Tragödie

Der Begriff Tragödie setzt sich aus den griechischen Wörtern tragos (= Ziegenbock) und ode (=Lied) zusammen, heißt also ursprünglich Lied der Ziegenböcke oder Lied zum Opfer des Ziegenbocks. Dies weist auf die Herkunft der Tragödie aus dem Dionysoskult hin, denn die Begleiter des Dionysos, die Satyrn und Mänaden, trugen Ziegenfüße bzw. Ziegenfelle, und der Sieger im Wettbewerb erhielt eine Ziege. Es zeigt auch die bäuerliche Herkunft dieses Kults an, denn die Ziege war damals das wichtigste Zuchttier. Auch die zweite Stückart des antiken Theaters, die Komödie, hat ihren

Komödie

Namen aus Bestandteilen dieses Kults. Komos hießen die frechen Verkleidungsspäße zu den Dionysosfesten auf dem Lande. Für Tragödie und Komödie wurden bestimmte Masken gebräuchlich, und noch heute gilt die lachende und die weinende Maske als das Zeichen des Theaters.

Das Satyrspiel schließlich war die dritte Stückart, es beschloß mit derben Späßen regelmäßig die dramatischen Wettkämpfe.

Aischylos, Sophokles und Euripides

Die drei größten Tragödiendichter des griechischen Altertums, Aischylos, Sophokles und Euripides, waren Zeitgenossen, aber durch drei Generationen voneinander entfernt. Die Überlieferung berichtet, daß Aischylos als Soldat an der berühmten Seeschlacht bei der Insel Salamis (im Jahre 480 v.u.Z.) gegen die persischen Eroberer teilgenommen hat, Sophokles als Knabe im Chor zur Siegesfeier mitsang und Euripides im selben Jahr geboren wurde.

Aischylos lebte von 525 bis 456 v. u. Z. Er entstammte einem vornehmen Geschlecht. Von seinen zahlreichen Tragödien sind nur sieben erhalten geblieben. Mit 25 Jahren begann er sich an den dramatischen Wettkämpfen in Athen zu beteiligen und wurde dreizehnmal mit dem ersten Preis geehrt. Friedrich Engels hat Aischylos den «Vater der Tragödie» genannt. Thespis hatte dem Chor zwar einen Schauspieler gegenübergestellt, indem Aischylos aber einen zweiten Schauspieler einführte, begründete er den dramatischen Dialog (= Gespräch). Der Dialog zwischen zwei, später mehreren Gesprächspartnern ist noch heute ein Kennzeichen des Dramas, durch das es sich von anderen Literaturformen wie Gedicht oder Erzählung unterscheidet.

Aischylos

Prometheus

Sophokles

Aischylos entnahm die Stoffe für seine Tragödien den überlieferten Götter-
und Heldengeschichten, aber auch der Geschichte seiner Zeit. Seine bedeutendsten Tragödien sind die Trilogie (= drei zusammenhängende Stücke)
«Orestie», ferner «Die Perser» und «Der gefesselte Prometheus».
Die Gestalt des Prometheus (= der Voraus-Denkende) ist bis auf den heutigen
Tag ein Leitbild für Mut, Unbestechlichkeit und Güte im Kampf der fortschrittlichen Menschen gegen Tyrannei geblieben. Prometheus, selbst einem
griechischen Göttergeschlecht entstammend, raubt gegen den Willen des Zeus
das Feuer vom Himmel und bringt es den Menschen. Das Feuer aber, das
Licht des Himmels, ist die Vernunft. Die Menschen lernen, Häuser zu errichten, die Zahl und die Schrift zu gebrauchen, den Acker zu bestellen und Schiffe
zu bauen. Sie lernen Krankheiten zu heilen und das Erz aus der Erde zu
bergen. Wegen seiner Menschenliebe wird Prometheus auf Befehl des Zeus,
der die Menschen vernichten wollte, am «Ende der Welt» an einen Felsen
geschmiedet, wo er bis in alle Ewigkeit die gräßlichsten Qualen leiden soll.
So ganz hilflos, sagt Prometheus dennoch den baldigen Sturz des tyrannischen
Herrschers voraus. Zeus will das Geheimnis seines eigenen Untergangs dem
Prometheus entlocken. Prometheus aber bleibt fest. Da schickt Zeus ein
gewaltiges Erdbeben, das Prometheus mitsamt dem Felsen in die Unterwelt
reißt.
Der größte Konkurrent des Aischylos war Sophokles (496–406 v.u.Z.). Er
entstammte einem begüterten Haus und genoß eine sorgfältige Erziehung.
Von den 120 Tragödien, die er geschrieben hat, sind 7 erhalten geblieben.
Sophokles fügte den zwei Schauspielern des Aischylos noch einen dritten hinzu.
Die drei Schauspieler traten mehrmals auf, weil in den Tragödien inzwischen
mehr als drei Personen handelten. Sie wechselten zwischen den Auftritten die
Masken, um die neue Person deutlich erkennbar zu machen. Außerdem
trugen sie Kothurne, leichte Lederstiefel mit dicken Sohlen, damit der Schauspieler von allen Plätzen des riesigen Theaters zu sehen war.
Sophokles genoß bei den Athenern ein so hohes Ansehen, daß sie ihn nach
seinem Tode wie einen Halbgott verehrten. Zu diesem Ruhme trugen vor allem die Tragödien «König Oidipus», «Elektra» und «Antigone» bei.

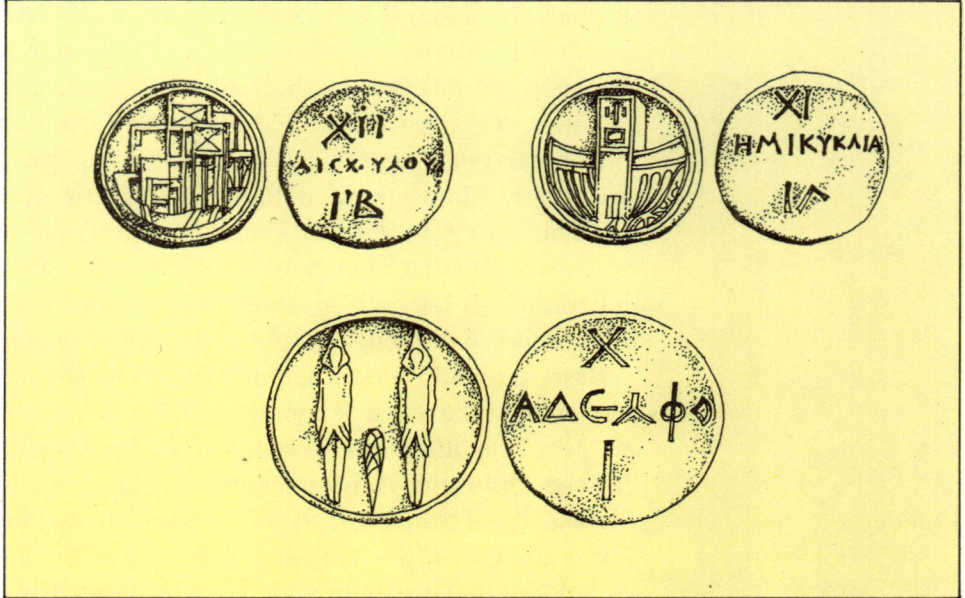

«Eintrittskarten» aus
Stein und Elfenbein für
das griechische und
römische Theater

«Antigone»

Im Streit um den Thron von Theben sind die beiden Söhne des toten Oidipus – Eteokles und Polyneikes – im Zweikampf gefallen. Eteokles hat die Stadt gegen Polyneikes, der sie mit fremden Truppen erobern wollte, verteidigt. Nach seinem Tode tritt Kreon die Herrschaft in Theben an. Er befiehlt für Eteokles ein feierliches Begräbnis, die Leiche des Polyneikes aber läßt er vor den Stadttoren den Vögeln und Hunden zum Fraß vorwerfen, wie es Verrätern gebührt. Wer sie zu beerdigen versucht, soll dafür mit dem Tode bestraft werden. Antigone, die Schwester der gefallenen Brüder, geht gegen das Verbot vor die Stadt und bedeckt den Leichnam des Bruders mit Erde. Durch diese mutige Tat sieht sich Kreon in seiner Macht bedroht. Antigone wird mit geringer Nahrung in eine Felsengruft eingemauert, wo sie entweder ihre Tat bereuen oder zugrunde gehen soll. Selbst Kreons Sohn, der Verlobte Antigones, kann den Vater nicht umstimmen. Da weissagt der greise Theiresias, daß Kreon seinen Sohn verlieren wird, wenn er starrsinnig bleibt. Kreon erschrickt. Er läßt die Gruft öffnen: Antigone hat sich erhängt.

Der dritte große Tragödiendichter des alten Griechenland war Euripides (um 480 bis 406 v. u. Z.). Von ihm sind 18 Tragödien erhalten geblieben. Zu seinen Lebzeiten war Euripides nicht so berühmt wie seine beiden Vorgänger, nach seinem Tode aber wurde er zum Lieblingsautor der Athener. Viele Dramatiker der Neuzeit haben seine Geschichten und Gestalten immer wieder zu eigenen Stücken oder zu Bearbeitungen angeregt (Goethe «Iphigenie»). Euripides wird als ein verschlossener, nur der Dichtkunst lebender Mann geschildert, der sich von den Staatsgeschäften fernhielt und auch niemals, wie seine Vorgänger, in seinen Tragödien selbst als Schauspieler auftrat. Seine Gestalten leiden außerordentlich, aber ihr Schicksal wird nicht mehr so sehr vom Willen der Götter gelenkt, sondern folgt aus ihrem eigenen Charakter. Darin spiegelt sich eine Veränderung im Leben und Denken der Griechen. Die Allmacht der Götter und das Wirken unausweichlicher Gesetze wurden bezweifelt, der Mensch trat als der Schöpfer seines Lebens stärker hervor. Die in den alten Zeiten Rechtlosen, die Frauen zum Beispiel und die Menschen aus dem Volke, ja selbst die Sklaven, kommen in den Tragödien des Euripides zum Zuge. Das hatte seinen Grund in der sich Bahn brechenden Auffassung der Zeit, daß alle Menschen von Natur aus gleich seien. Auch in der Sprache näherte sich Euripides dem Leben (seine Vorgänger hatten ein kunstvolles, altertümliches Griechisch benutzt, das nur auf dem Theater gesprochen wurde). Meisterhaft sind die Frauengestalten des Euripides gezeichnet, die Alkestis und die Medea, Hekabe, Andromache, Iphigenie, Helena, die Trojerinnen: alles Titelgestalten aus gleichnamigen Tragödien. Die verfeinerte Charakterdarstellung durch Euripides hatte auch zur Folge, daß der Chor fast ganz aus der Handlung der Tragödie verschwand; er trat nur noch zwischen den Szenen mit im Grunde überflüssigen Berichten oder Klageliedern auf. Die berühmteste Tragödie des Euripides ist «Medea». Es ist eine antike Kriminalgeschichte von der vernichtenden Leidenschaft einer verlassenen und gedemütigten Frau, die ihre über alles geliebten Kinder tötet, um dem untreuen Mann den tiefsten Schmerz zuzufügen. Es ist die «tragischste Tragödie» des «tragischsten aller Tragödiendichter», wie der griechische Philosoph Aristoteles den Euripides genannt hat.

Euripides

«Medea»

Medea, die Tochter des Königs von Kolchis, hilft dem Argonautenführer Jason aus Liebe, das Goldene Vlies (=Fell), ein Heiligtum, zu rauben und verläßt mit ihm ihr Vaterland. Aber Jason wird aus seiner Heimat vertrieben.

In Korinth finden beide mit ihren zwei kleinen Söhnen Zuflucht. Hier verläßt Jason seine Frau und heiratet die Tochter des Korinther Königs Kreon. Medea ist durch diesen Treuebruch gedemütigt. Nur die geliebten Kinder sind ihr geblieben, Kinder, die auch Jason immer noch liebt. Darauf gründet Medea ihren schrecklichen Plan. Kreon fürchtet vor Medeas Haß um das Leben seiner Tochter, er weist Medea aus dem Land. Medea erwirkt aber einen Aufschub um einen Tag. Diesen Tag benutzt sie, Jason zu vernichten. Unter dem Vorwand, Jasons junger Frau ein Geschenk zu bringen, schickt sie die Kinder in den Palast. Das Geschenk, ein Festkleid und eine goldene Krone, ist vergiftet. Die Königstochter und der König sterben eines qualvollen Todes und nehmen Jasons Hoffnung für sein künftiges Leben mit hinweg. Aber Medeas Plan ist noch nicht vollendet. Um Jason ganz zu zerstören, tötet sie die heimkehrenden Kinder mit dem Schwert.

Aristoteles (384–322 v. u. Z.) beherrschte als Philosoph alle Gebiete der damaligen Wissenschaft und gründete eine eigene Philosophenschule. Seine Schrift über das Drama – «Poetik» – ist nur teilweise erhalten. Dennoch beeinflußte sie die europäischen Theaterdichter mehrerer Jahrhunderte. Aristoteles' These, daß die Wirkung der Tragödie darin bestehe, das Gefühl des Zuschauers zu erregen, um seine Leidenschaften durch Furcht und Mitleid zu «reinigen», wurde zum künstlerischen Wertmaßstab eines Dramas.

«Medea» von Euripides am Piraikon Theatron, Athen, 1963

Aristophanes

Gar nicht einverstanden mit den Tragödien des Euripides war der bedeutendste griechische Komödiendichter Aristophanes (um 446 bis 385 v. u. Z.). Der scharfe Spötter und leidenschaftliche politische Schriftsteller ließ keine Gelegenheit aus, den düsteren Euripides samt seiner Tragödien zu kritisieren und sogar zu verhöhnen.

Vom Leben des Aristophanes wissen wir sehr wenig. Elf seiner Komödien (von 44) haben die Zeiten überdauert. Von ihnen werden «Der Frieden», «Lysistrata» und «Die Weibervolksversammlung» noch heute gespielt, nicht nur, weil sie lustig sind, sondern vor allem ihres gemeinsamen Themas wegen – der Sehnsucht der einfachen Menschen nach Frieden. In der Komödie «Die Frösche» läßt Aristophanes die Tragödiendichter Aischylos und Euripides selbst auftreten und um den ersten Platz im Dichterhimmel streiten; Aristophanes entscheidet sich für Aischylos. Die Komödien des Aristophanes waren zeitnah und kämpferisch, dabei aber voller Poesie. Sie rühmen die Freuden der arbeitenden Menschen und verspotten das falsche Heldentum der ewigen Krieger. Das kommt besonders schön in der Komödie «Der Frieden» zum Ausdruck.

«Der Frieden»

Der Weinbauer Trygaios ist des Kriegs müde, der zwischen den griechischen Stadtstaaten Athen und Sparta tobt. Er besteigt einen großen Käfer, um in den Himmel zu fliegen und Zeus um Frieden zu bitten. Die Götter sind aber längst tiefer hinein in den Himmel gezogen, weil sie den griechischen Bruderkampf nicht mehr ansehen mögen. Nur der Kriegsgott macht sich an seinem Mörser zu schaffen, in dem er Griechenlands Städte zerstampfen will. Er hat die Friedensgöttin in ein tiefes Loch versenkt mit einem Stein darauf, damit sie nie mehr ans Licht komme. Trygaios ruft die Bauern und Handwerker, die Handelsleute und die Meister der Kunst zusammen, damit

Bühnenbildentwurf zu «Der Frieden» von Aristophanes in der Übertragung von Peter Hacks am Deutschen Theater, Berlin, 1962. Entwurf: Heinrich Kilger

Figurine «Der Krieg». Entwurf: Heinrich Kilger

sie die Friedensgöttin aus ihrer Versenkung heben. Die Göttin steigt endlich herauf. Sie wird von den Griechen gepriesen. Trygaios kehrt auf die Erde
zurück. Die Friedensgöttin hat ihm Opora, die Göttin der Ernte, zur Frau
mitgegeben. Die Griechen feiern die Hochzeit des Friedensbringers Trygaios
und genießen die Freuden des Weins und der Liebe, guten Essens und
friedfertiger Arbeit.

Die Neue Komödie und das Ende des griechischen Theaters

Das Goldene Zeitalter des antiken griechischen Theaters hat nur ein Jahrhundert, das fünfte vor unserer Zeitrechnung, gedauert. Die Tragödie verfiel
nach Euripides sehr rasch, und auch die alte Komödie fand keine Fortsetzung
auf der Höhe eines Aristophanes mehr. Im Niedergang des Theaters spiegelt
sich der Niedergang der griechischen Sklavenhalterdemokratie. Durch viele
Kriege wurde das Land erschöpft und zersplittert. Die freien Bürger verarm-
ten, die Sklavenwirtschaft blühte nicht mehr wie früher. So im Innern geschwächt, geriet Griechenland seit dem 4. Jahrhundert immer mehr unter
fremde Herrschaft, erst unter makedonische, später unter die Roms. Die
Zerrüttung der demokratischen Staatsform und der Verlust der nationalen
Unabhängigkeit mußten sich auch auf die Kultur des alten Griechenland
auswirken.

Das Interesse der Bürger an ernsthaften Fragen der Politik und der Moral
wich der Gleichgültigkeit. Auch das Theater wandte sich von diesen Fragen
ab und beschäftigte sich nun mit den kleinen Geschehnissen des Alltags, mit
dem Innenleben der Menschen, mit immer wieder abgewandelten Liebes-
abenteuern und anderen privaten Affären. Auf diesem geistigen Boden wuchs
im 3. und 2. Jahrhundert die sogenannte «Neue Komödie». Nicht mehr Götter und Helden bevölkerten die Szene, sondern zu Typen vereinfachte Menschen des Alltags: der Sklave, die Kupplerin, der Geizhals, das leichte Mäd-

Menander und die Masken
der Neuen Komödie,
3. Jahrhundert v. u. Z.

chen. Nur wenige Stücke dieser Neuen Komödie sind uns erhalten geblieben, denn ihre Texte wurden für den Schulunterricht nicht würdig genug befunden, was bedeutet, daß sie nicht abgeschrieben und also nicht überliefert worden sind. So besitzen wir selbst vom bedeutendsten Dichter der Neuen Komödie, von Menander (um 343 bis 292 v. u. Z.) nur ein vollständiges Stück, den «Dyskolos» (Der Mürrische). Dennoch hat die Neue Komödie auf die Entwicklung des Theaters großen Einfluß ausgeübt. Sie breitete sich über das römische Theater und Drama auf alle Theaterländer Europas aus.

Menander

Römisches Theater
nach griechischem Vorbild

Auch in Italien, dem zweiten Zentrum der antiken Kultur, entstand das Theater aus dem volkstümlichen Possenspiel, der Atellane, so genannt nach dem vermutlichen Ursprungsort Atelle. In derb-komischen Volksszenen traten festgelegte Typen in Masken auf – der Dummkopf, der Greis, der Vielfraß, der Angeber, aber auch Handwerker und Bauern wurden dargestellt. Die Atellanen brachten nicht selten das Denken und Fühlen der einfachen Menschen zum Ausdruck, sie enthielten politische Motive und zeitkritische Anspielungen.
Die Entwicklung des Theaters verlief in Italien jedoch ganz anders als im alten Griechenland. Als Rom seine Weltmacht errichtete und sich auch Griechenland und die von ihm beherrschten Gebiete unterwarf, nahm es die antike Kultur der Griechen in sich auf. Diese Entwicklung setzte im 3. Jahr-

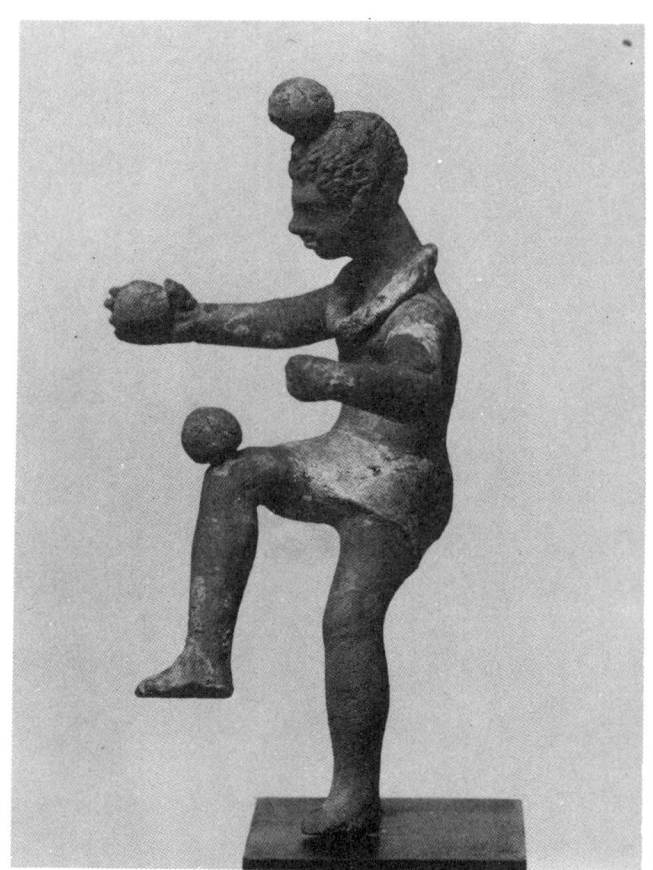

Jongleur, Tonstatuette

Darstellerin des spät-
römischen Pantomimus mit
dreigesichtiger Maske in

der Hand. Elfenbeinrelief,
4. Jahrhundert v. u. Z.

hundert v. u. Z. ein. Ein gebildeter Römer mußte sich in der griechischen Sprache, Philosophie und Literatur auskennen, und griechische Sklaven besorgten die Erziehung der Kinder reicher römischer Familien.

Einem griechischen Sklaven, Livius Andronicus, verdankte Rom auch die erste Theateraufführung nach klassischem Vorbild. Im Jahre 240 v. u. Z. führte die römische Regierung zur Feier des Sieges im Ersten Punischen Krieg die Aufführung von Theaterstücken an besonderen staatlichen Feiertagen ein. Andronicus erhielt den Auftrag, eine Tragödie dafür zu schreiben, in der er als einziger Schauspieler auftrat.

Theater für die Oberschicht

Tragödie und Komödie erreichten im alten Rom jedoch nicht die Höhe wie in Griechenland, weil die Römer zwar die Formen übernahmen, nicht aber die demokratische Denkweise und Staatsform des «Goldenen Zeitalters» Athens. Die römischen Bürger hatten keine demokratischen Rechte, die Macht wurde vom Adel ausgeübt, auch zu der Zeit, als sich Rom noch eine Republik nannte. Die Mächtigen aber wußten zu verhindern, daß das Theater zu einem Ort für die kritische Behandlung der Staatsgeschäfte und der allgemeinen Lebensform wurde. Das erfuhr sehr bald der römische Dichter Naevius, der im Geiste des Aristophanes in seinen Komödien Mitglieder des herrschenden Adels zu kritisieren wagte. Er wurde daraufhin in den Kerker geworfen und später verbannt. Die Nachahmung des griechischen Theaters blieb im wesentlichen eine Bildungsangelegenheit der römischen Oberschicht. Deshalb konnte sich in Rom keine große nationale Tragödie und Komödie entfalten. Nur zwei römische Komödiendichter haben es verstanden, die griechischen Vorbilder mit dem römischen Volksleben in Verbindung zu bringen und damit lebendig zu machen. Sie waren beide niederer

Tragische Masken,
Sarkophagrelief aus Rom

Plautus und Terenz

Herkunft. Plautus (um 250 bis 184 v. u. Z.) entstammte einer armen Bauernfamilie, er blieb zeit seines Lebens mittellos, und Terenz (um 190 bis 159 v. u. Z.) kam als Sklave nach Rom, wo er später freigelassen wurde. Plautus und Terenz schufen die römische Komödie nach dem Vorbild der griechischen Neuen Komödie. Ihre Stücke sind der einzige Beitrag des alten Rom zur Weltdramatik.

Die Komödien des Plautus (21 sind uns erhalten) spielen zwar in der griechischen Welt und benutzen die Typen der griechischen Komödie, sie lassen aber oft die politischen Verhältnisse und das Volksleben in Rom durchscheinen. Möglicherweise hat Plautus diese Art der «Tarnung» vor Verfolgung geschützt. Eine große Rolle spielen die Sklaven. Sie sind meist klüger und mutiger als ihre Herren dargestellt. Zu den wichtigsten Komödien des Plau-

Das Theater des Pompejus in einer Rekonstruktionszeichnung.
Die Schauspieler agierten auf einer erhöhten Plattform (pulpitum) zwischen der Orchestra, wo die Ehrengäste, Senatoren und Ritter Platz nahmen, und der Skene. Die der Bühne zugekehrte Wand des Skenengebäudes besteht aus übereinandergestellten Säulengalerien mit drei Bühnenzugängen

Das römische Theater der Kaiserzeit in Sabratha

tus gehören «Amphitrion», «Der Goldkopf», «Die Zwillinge», «Der Maulheld». Die Komödien des Plautus waren sowohl beim Volk wie beim Adel sehr beliebt. Spätere Dramatiker haben häufig auf sie zurückgegriffen (Molière, Shakespeare).

Die sich über Jahrhunderte erstreckenden Kriege des römischen Weltreiches wirkten sich auch auf die Freizeitgewohnheiten der Römer aus. Die Regierung war daran interessiert, die Kampflust der Römer wachzuhalten. Dem dienten vor allem die Gladiatorenkämpfe (gladius = Schwert), in denen berufsmäßige Kämpfer auf Leben und Tod miteinander kämpften. Auch Sklaven, Kriegsgefangene, Verbrecher, später verfolgte Christen wurden dafür verwendet, was oft einem Todesurteil gleichkam. Diese Veranstaltungen hatten mit sportlichem Kampf nichts zu tun, sie waren vielmehr die «spiele-

Das römische Theater nach den Vorstellungen der Humanisten am Anfang des 15. Jahrhunderts. Die Schauspieler spielen pantomimisch die Handlung, während ein Rezitator den Text vorträgt. Ringsum die Zuschauer. In der unteren Bildhälfte links ist der Dichter Terenz abgebildet.

Die Ablösung der Naturalwirtschaft des Feudalismus durch die Geldwirtschaft, die großen Erfindungen und geografischen Entdeckungen förderten eine neue Weltsicht. Ausgehend von Italien, verbreitete sich das Gedankengut der Renaissance (ursprünglich Wiedergeburt der Antike) und des Humanismus.

Mit der Eroberung der Welt sprengte der Bürger die engen Mauern mittelalterlicher Städte. Selbstbewußt bejahte er das Diesseits, indem er auf den Erwerb von Wissen, Reichtum und Macht setzte. Der Mensch wurde sich seines Wertes und seiner Kraft bewußt. Die Weltanschauung der Renaissance war humanistisch (studia humana = Lehren vom Menschen), im Gegensatz zu der kirchlich-feudalen Ansicht von der Allmacht Gottes (studia divina = Lehren von Gott). Dieses Ideal fanden die humanistischen Gelehrten auch in der antiken Kunst, besonders bei Seneca, Terenz und Plautus.

Vergnügungen
der Römer

rische» Seite der immerwährenden Schlachten Roms in allen Teilen der damals bekannten Welt. Andere Vergnügungen der Römer waren Pferderennen, Hetzjagden auf Tiere, Triumphzüge nach gewonnenen Schlachten oder anderen staatlichen Anlässen. Für alle diese Massenveranstaltungen errichtete der Staat große Zirkusgebäude (circus = Kreis) und Amphitheater (amphi = rings). Der Circus Maximus in Rom faßte 185 000 Zuschauer, das Amphitheater Kolosseum 50 000. Der Unterschied zwischen beiden Gebäudearten war nicht groß: Im Amphitheater umschlossen die nach hinten hoch ansteigenden Zuschauerplätze vollständig einen ovalen Platz, die «Arena», im Zirkus war dieser Platz langgestreckt, damit Rennen auf ihm stattfinden konnten. Wir finden ähnliche Bauformen in unseren heutigen Sportstadien wieder.

Das Theater paßte sich im Laufe der Zeit diesen Unterhaltungsbedürfnissen des römischen Publikums an. Zuerst gingen die Tragödienaufführungen zurück. Nach Plautus und Terenz verlor auch die Komödie mehr und mehr ihre Anziehungskraft. Nach dem Niedergang der alten dramatischen Kunst traten die Mimen und später die Pantomimen an deren Stelle. Mimen waren komische Darstellungen aus dem Alltagsleben. Auch die Darsteller dieser Stücke wurden Mimen genannt, ein Ausdruck für Schauspieler, der sich bis heute erhalten hat. Das Wort «Mimik» fürs Mienenspiel kommt von daher, denn die Schauspieler des mimos spielten ohne Masken, wodurch ihr natürliches Gesicht in die Gestaltungsmittel einbezogen wurde. Die Pantomimen unterschieden sich sehr von dem, was wir heute darunter verstehen. Sie waren üppige Schaustellungen mit Tanz und Gesang, prachtvollen Dekorationen und oft sehr seltsamen Mitwirkenden. Es wird berichtet, daß einmal 600 Maulesel in einer solchen Pantomime auftraten. Die Theatermaschinerie wurde ausgiebig bemüht: Unter lodernden Flammen stürzten Häuser ein, Schiffe versanken, Leuchtfeuer stiegen auf und anderes mehr.

Pantomime

Zwielichtige Stellung
des Schauspielers

Der Schauspielerberuf galt in Rom als unehrenhaft, weil ein freier Bürger sein Geld nicht selbst verdiente, sondern von den Zuwendungen des Staates lebte. Die «Stars» aber standen bei den Herrschenden in hohem Ansehen und bekamen ungeheure Gagen. Große Mimen erfreuten sich der Gunst hoher Staatsmänner, und eine Schauspielerin namens Theodora wurde sogar die Frau des oströmischen Kaisers Justitian. Die Mehrzahl der Mimen aber lebte in großer Armut und unter der Verachtung der Bürger. Diese zwielichtige Stellung des Schauspielers hat sich sehr lange erhalten.

Die dramatische Kunst der antiken Welt fand in Seneca ihren letzten großen Dichter. Seneca (um 4 v. u. Z. bis 65 u. Z.) entstammte einer vornehmen römischen Familie. Er war der Erzieher des späteren Kaisers Nero. Seneca gehörte zu den mächtigsten und reichsten Männern des römischen Weltreichs. Als Nero den Kaiserthron bestiegen hatte, wurde Seneca der Teilnahme an einer Verschwörung gegen das Leben des Kaisers bezichtigt. Der von Größen- und Verfolgungswahn gepeinigte Nero zwang seinen ehemaligen Lehrer auf diesen Verdacht hin, sich selbst zu töten. Seneca wählte eine damals gebräuchliche Todesart: Er öffnete sich im Bad die Adern.

Seneca hat seine Tragödien schon nicht mehr für das Theater geschrieben, sondern für einen kleinen Kreis gebildeter Leser und Zuschauer. Die Stücke sind in Stoff und Form den griechischen Tragödien nachgeahmt. Sie erlangten Jahrhunderte später große Bedeutung für das Studium und die Wiederbelebung der antiken dramatischen Kunst.

Seneca

Schüler des Birngartens

Das klassische Theater Chinas

Ein Hofnarr
namens Yu Meng

Ein chinesischer Geschichtsschreiber berichtet von einem Hofnarren namens Yu Meng, der etwa 600 v.u.Z. am Hofe des Königs Chuang lebte. Er hatte seinen Herrn und den Hofstaat durch allerlei Späße zu unterhalten, in denen oft tiefe Wahrheiten verborgen waren. Darum wurde er von einem der Minister des Herrschers sehr geschätzt. Dieser Minister starb und hinterließ einen Sohn, der bald ganz verarmte. Einmal begegnete der Hofnarr jenem jungen Mann und erfuhr von dessen mißlicher Lage. Er ließ sich die Kleider und den Hut des Verstorbenen geben. Nach einem Jahr beherrschte der Hofnarr den Gang, die Bewegungen und die Stimme des verstorbenen Ministers vollkommen. Da trat er als der Verstorbene vor seinen König und wünschte ihm, weil dieser Geburtstag hatte, alles Gute. Der König erschrak,

Hofdame vor dem Auftritt

Der Affenkönig im gelben
Rock des Kaisers

denn er glaubte, sein Minister sei von den Toten auferstanden. Schließlich gab sich Yu Meng zu erkennen. Der König verzieh ihm den Auftritt und berief auf Bitten seines Hofnarren den Sohn des Ministers auf den Posten des Vaters.

Ob sich die Begebenheit wirklich so zugetragen hat, wissen wir nicht. Yu Meng aber gilt in der Geschichte des chinesischen Theaters als der erste namentlich bekannte Schauspieler, dem Griechen Thespis vergleichbar, der um dieselbe Zeit gelebt hat. Yu heißt auf deutsch übrigens Spieler.

Theater des Schauspielers

Das klassische chinesische Theater war zuerst ein Theater des Schauspielers. Dessen Kunst entwickelte sich bereits zu einer Zeit, als es in China noch keine Theaterstücke gab. In Griechenland, der Wiege des europäischen Theaters, entstanden die Dramatik und die Schauspielkunst etwa gleichzeitig miteinander. Im alten China hingegen nahm das Theater über viele Jahrhunderte eine eigene Entwicklung. Von der geschilderten Begebenheit bis zur Blütezeit des klassischen chinesischen Dramas mußten noch 2 000 Jahre vergehen. Seine Geschichte beginnt im 11. und 12. Jahrhundert, aber erst im 14. hatte es sich voll entfaltet. Dabei ist die chinesische Kultur eine der ältesten der Menschheit, viel älter zum Beispiel als die des antiken Griechenland. Warum hat sie so spät ihre Dramatik und damit ihr klassisches Theater hervorgebracht?

Wurzeln des chinesischen Theaters

Wie in anderen Kulturen auch liegen die Wurzeln des chinesischen Theaters in den Gesängen und Tänzen des Volkes. Das Volk feierte die Ankunft des Frühlings und der Erntezeit, es huldigte in Lied und Tanz den im alten China ungeheuer zahlreichen Göttern, es sang und tanzte bei der zeremoniellen Vermählung der jungen Männer und Mädchen. Schon 1700 vor unserer Zeitrechnung wird von einer Blüte der Gesangs- und Tanzkunst berichtet. Damals bereits bildete sich die für das spätere chinesische Theater charak-

Die am Arm herabhängende Peitsche deutet an, daß die Heldin zu Pferd angekommen ist. Ihr rot geschminktes Gesicht sagt dem Zuschauer, daß sie ein treuer und aufrichtiger Mensch ist

Die vier Fähnchen am Kostüm des Schauspielers sind ein Zeichen der Macht. Die beiden langen Fasanenfedern charakterisieren ihn als kriegerischen Häuptling

teristische Einheit von Musik, körperlicher Bewegung und Poesie des Wortes heraus.

Spaßmacher an den Höfen

Mit der Zeit «verweltlichten» die alten kultischen Gebräuche. Die Herrscher holten sich riesige Orchester und Tanzgruppen zu ihrer Unterhaltung an den Hof, und das Volk belustigte sich auf den Marktplätzen an den Darbietungen herumziehender Sänger und Tänzer, Akrobaten, Schwert- und Feuerschlukker, Dompteure, Zauberer und dergleichen. Auch Schauspieler, wie Yu Meng einer war, beschäftigten die Herrscher als Spaßmacher an ihren Höfen, aber das war begreiflicherweise nicht der rechte Ort für das Entstehen eines Theaters ähnlich dem Griechenlands. Daran waren die Mächtigen im alten China auch gar nicht interessiert, denn das Volk war von den Geschäften der Staatsführung völlig ausgeschlossen. Die offizielle Dichtkunst bediente sich einer Sprache, die für lebendiges Theater ungeeignet war; sie gestattete zum Beispiel keine dramatischen Dialoge. Es kam den Dichtern auch nicht in den Sinn, für Schauspieler zu schreiben, denn deren Treiben gehörte nicht in das Reich der Poesie. Statt dessen entwickelten sich aus den abwechslungsreichen Darbietungen auf den Märkten in kleinen dramatischen und pantomimischen Szenen die Anfänge eines Volkstheaters. Die Schauspieler sprachen aber noch in der dritten Person, nicht im Dialog, die Geschichten wurden eher erzählt als gespielt. In dieser Zeit bildete sich die besondere Fähigkeit des chinesischen Schauspielers heraus, Musik, Wort und körperliche Bewegung miteinander zu verbinden und gleichermaßen zu beherrschen.

Volksbelustigung auf den Märkten

«Kaiserschüler»

Im 8. Jahrhundert gründete der kunstbegeisterte Kaiser Ming Huang die erste chinesische Schauspielschule. Sie trug den Namen «Schule des Birngartens» und bestand vierhundert Jahre. Die «Kaiserschüler» kamen als Kinder auf die Schule und durchliefen eine strenge Ausbildung. Sie mußten singen und tanzen können, Pantomime und Akrobatik beherrschen und selbst meh-

Nächtliches Fest im Palast
von Shu, getanzt vom
Sichuan Gesangs- und Tanz-
ensemble, 1983

rere Instrumente spielen. «Schüler des Birngartens» zu sein blieb über viele Jahrhunderte ein Ehrenname für den Beruf des Schauspielers. So entstand in China eine große und eigenartige Schauspielkunst noch vor dem klassischen Drama. Daß sich das chinesische Drama aus dieser Schauspielkunst entwikkelte, hat ihm seinen unverwechselbaren Charakter verliehen.

Aus den Spielen der Straßen- komödianten entsteht das chinesische Drama

Im 13. und 14. Jahrhundert unserer Zeitrechnung herrschten mongolische Eroberer für etwa hundert Jahre über ganz China. Damals entstand das klassische chinesische Theater und Drama. Aus Protest gegen die mongolische Fremdherrschaft wandten sich die chinesischen Dichter den Traditionen des Volksschaffens zu. Sie studierten die einfachen Spiele der Straßenkomödianten und verfaßten neue Stücke, die sie nicht in der gekünstelten Schriftsprache der Gelehrten schrieben, sondern in der Sprache des Volkes. Aus dem «Goldenen Jahrhundert» des chinesischen Theaters sind uns 85 Dramatiker und über 500 Stücke bekannt. Auf den improvisierten Jahrmarktbühnen wurde das ganze Jahr über Theater gespielt, und auch in den Palästen erfreute es sich großer Beliebtheit. Der berühmteste Dramatiker dieser Zeit war Guan Hanquing. Man nennt ihn den «chinesischen Shakespeare». Wie Shakespeare führte er seine Stücke, er schrieb über 60, mit einer eigenen Theatertruppe auf. «Schnee im Hochsommer» zählt zu seinen bekanntesten Werken. Es handelt von einer jungen Frau mit Namen Dou E, die siebzehnjährig schon Witwe ist und von dem reichen Zhang zur Frau begehrt wird. Als Zhang sein Ziel nicht erreicht, bringt er den eigenen Vater um und beschuldigt Dou E, es getan zu haben. Der bestochene Richter verurteilt sie zum Tode. Da fällt mitten im Hochsommer Schnee und vernichtet die Ernte

Guan Hanquing «Schnee im Hochsommer»

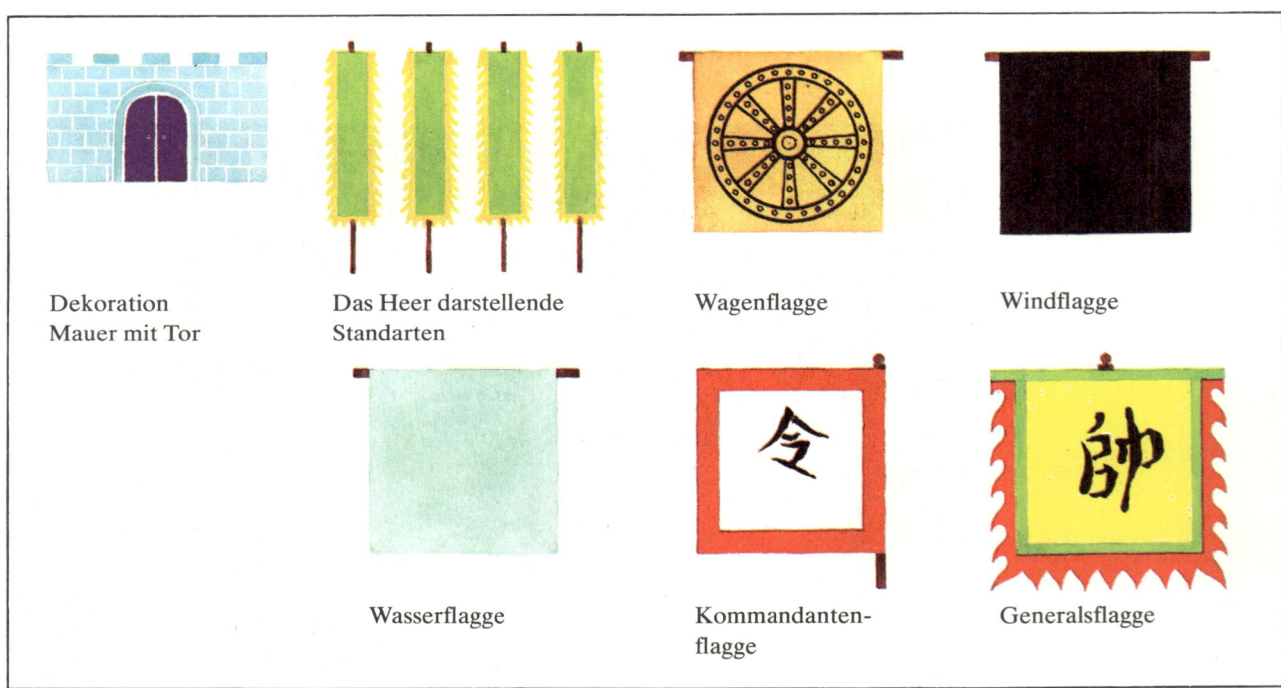

Dekoration
Mauer mit Tor

Das Heer darstellende
Standarten

Wagenflagge

Windflagge

Wasserflagge

Kommandanten-
flagge

Generalsflagge

des Zhang. Es ist die von Dou E vor ihrer Hinrichtung prophezeite Strafe des Himmels für das an ihr begangene Unrecht. Aber auch die irdische Gerechtigkeit nimmt ihren Lauf. Der Vater von Dou E klärt im kaiserlichen Auftrag den Fall, von dem er zunächst nicht weiß, daß er seine Tochter betrifft, auf. Zhang wird von ihm zum Tode verurteilt, der bestochene Richter aus dem Amt gejagt.

«Der Kreidekreis» Eine ähnliche Geschichte erzählt «Der Kreidekreis» von Li Xingdao. Im alten China konnte ein Mann mehrere Frauen heiraten. In der Geschichte vom Kreidekreis kämpfen zwei Ehefrauen um ein Kind – die junge Haitang, die wirkliche Mutter des Kindes, und die Hauptfrau Ma, die mit ihrem Liebhaber den gemeinsamen Ehemann ermordet hat und sich nun als die Mutter des Kindes ausgibt, um das Erbe an sich zu bringen. Der Richter läßt mit Kreide einen Kreis ziehen und das Kind hineinstellen. Welche der beiden Frauen das Kind auf ihre Seite ziehen kann, soll als die wahre Mutter anerkannt werden. Zweimal zieht die falsche Mutter das Kind zu sich. Daran erkennt der Richter, daß sie lügt, denn das Kind wäre zerrissen worden, hätte Haitang nicht nachgegeben. So wird die wahre Mutter erkannt, die falsche aber mit ihrem Liebhaber des Mordes überführt und hingerichtet.

Die chinesischen Dramatiker schöpfen ihre Geschichten aber nicht nur aus dem Leben des Volkes, sondern gleichermaßen aus den Überlieferungen von Helden und dem märchenhaften Götterhimmel des alten China, der wie kein anderer mit den merkwürdigsten Gestalten bevölkert war. Hier gab es, wie auf der Erde, Kaiser, Heerführer und Würdenträger, Götter für die Beamtenlaufbahn und gegen bestimmte Krankheiten, böse und gute Geister für

Kriegsgott   Richter   Kranich   Stier

General   Das zerschlagene   Pfirsichblüte   Affenkönig
                   Gesicht

Schauspielermasken

Der Affenkönig

Haus, Hof, Acker, Geburt und Tod oder Fabelwesen wie das Schlangenmädchen. Eine der beliebtesten Figuren war der Affenkönig Sun Wu-kung, der zweiundsiebzig verschiedene Gestalten annehmen konnte. In ihm hatte sich die Phantasie des Volkes das Urbild eines Rebellen geschaffen. Der Affenkönig war mutig und klug und stiftete immer wieder «Unruhe im Himmel», wie eines der vielen Stücke um ihn heißt. Er ist, wie viele Volksfiguren, zugleich eine «lustige Person». Der bekannte sowjetische Puppenspieler Sergej Obraszow hat in China noch einige alte Stücke um den Affenkönig gesehen und über ihn geschrieben: «Er siegt vor allem durch die eindeutige Überlegenheit des Verstandes. Sein Kampf gegen die himmlischen Heerführer und Soldaten vollzieht sich während des ununterbrochenen Gelächters der Zuschauer, weil die geschmückten und bis an die Zähne bewaffneten Himmelskrieger ständig an der Nase herumgeführt werden und der Affe mit der Zaubernadel immer Sieger bleibt.»

Warum fehlen chinesische Stücke auf unseren Bühnen?

Das klassische chinesische Theater war Volkstheater wie kaum ein anderes der Welt. Warum aber, so muß man fragen, sehen wir seine Stücke nicht auf unseren Bühnen, warum sind die wenigsten von ihnen in andere Sprachen übersetzt worden, wo wir doch Stücke aus fernen Jahrhunderten und vielen Ländern sehen und lesen können?

Das klassische chinesische Drama ist dem europäischen nicht vergleichbar. Obgleich es nicht an Versuchen gefehlt hat, es auf europäischen Bühnen aufzuführen und für sie zu bearbeiten, ist sein eigener Reiz an den chinesischen Schauspieler der alten Schule gebunden. Nur er verfügt über die in Jahrhunderten ausgebildeten Mittel der Darstellung. Seinetwegen ging der Zuschauer ins Theater. Die Geschichten und Gestalten der Stücke waren dem Zuschauer von Kindheit an vertraut, und so konnte er seine Aufmerksamkeit ganz dem Spiel widmen.

Die Zeichensprache

Die Schauspieler traten in prächtigen, phantasiereichen und farbenfrohen Kostümen auf. Die Gesichter waren nach strengen Regeln geschminkt, vom lieblichen Frauenantlitz, in das sich das Gesicht eines männlichen Schauspielers verwandelte, bis zur furchterregenden Maske eines Heerführers. Mit einfachen, immer aber kunstvoll gearbeiteten Requisiten konnte der Schauspieler eine Vielzahl von Handlungen ausführen. So bedeutet eine Peitsche mit mehreren Troddeln ein Pferd, sind diese rot – einen Fuchs, sind sie schwarz – einen Rappen. Die am Arm des Schauspielers herabhängende Peitsche sagt dem Zuschauer, daß der Reiter soeben angekommen ist, wird sie am ausgestreckten Arm gehalten, springt der Reiter in den Sattel. Wird die Peitsche hingeworfen, dann darf das Pferd grasen. Eine Flagge, auf die ein Rad gemalt ist, stellt einen Wagen dar. Diener und Herrin halten diese «Wagenflagge» zur Seite, und jeder Zuschauer weiß, daß sie jetzt abfahren. Lediglich mit einem Ruder ausgestattet, spielen Schauspieler die gefahrvolle Überquerung eines reißenden Flusses. Die Wellen des schäumenden Meeres werden von Schauspielern durch das Schwingen hellblauer Seidenfahnen angedeutet, zwischen denen sich der Held des Stückes das rettende Ufer erkämpft. Besondere Geschicklichkeit aber war für die beliebten Schlachtszenen nötig, in denen einige wenige Schauspieler den Zusammenstoß großer Heere mit Reitern und Fußvolk darstellten. Der gefallene Krieger verließ gebückt die Bühne, damit seinen Tod anzeigend. Die Mauer der belagerten Stadt bestand aus nichts als einem Stück Stoff mit einigen daraufgemalten Mauersteinen.

No und Kabuki

Das Theater in Japan

**Altjapanische
Theaterkunst**

Das japanische Theater der Gegenwart ist sehr vielgestaltig. Es zeigt klassische und moderne Dramen der Weltliteratur, Musicals, Opern, Ballette, Revuen und dergleichen, wie das Theater anderer Länder auch. Zwei mit alledem nicht vergleichbare Theaterarten aber kann man nur in Japan sehen: Sie heißen No und Kabuki und sind die Schöpfungen der altjapanischen Theaterkunst. Das No wird von kleinen, nicht leicht zu findenden Bühnen für einen Kreis von Kennern gespielt, Kabuki hingegen erfreut sich als Form nationalen Volkstheaters noch immer der Gunst eines breiteren Publikums. Japan hatte sich jahrhundertelang gegen die Einflüsse des Westens abgeschirmt, so daß die altjapanischen Theatertraditionen fast unberührt geblieben sind.

No-Spiel

Auch das japanische Theater hat sich aus den religiösen Bräuchen und den Unterhaltungen des Volkes entwickelt. Es erreichte aber relativ spät, erst in der Mitte des 14. Jahrhunderts, mit dem No-Spiel seine klassische Gestalt. No heißt Kunst, und höchste Kunstfertigkeit verlangt bis auf den heutigen Tag das No von seinem Spieler. Der buddhistische Priester Kanami (1333 – 1384) und sein Sohn Zeami (1363 – 1443) schufen die Regeln für das No und einen großen Teil des Repertoires. Zeami hat ein Manuskript,

Ein Schauspieler in der Rolle einer Hofdame in dem Kabuki-Stück «Hana Ayame Bunroku Soga», aufgeführt im Miyako-Theater von Edo (Tokio), 1794

No-Spieler mit der Maske eines Dämonen in der Hand

«Buch der goldenen Insel»

das «Buch der goldenen Insel», über die Geheimnisse des No hinterlassen. Obwohl es 1436 entstand, wurde es erst zu Beginn unseres Jahrhunderts der Öffentlichkeit bekannt, denn in der Welt der No-Spieler herrschte eine strenge Familientradition der Geheimhaltung von Texten und Regeln ihrer Darstellung. Das No-Spiel wurde vom Vater an seinen Sohn weitergegeben, und es verstand sich von selbst, daß dieser ein No-Spieler wurde. Die Überlieferung berichtet, daß Zeami 1434 sogar in die Verbannung geschickt wurde, weil er sich geweigert haben soll, die Geheimnisse des No an einen Familienfremden preiszugeben.

No-Spiel unter dem Schutz der Samurai

Das No-Spiel wandelt sich aus volkstümlichen Anfängen bald zum Theater der feudalen Oberschicht. In den erbitterten Machtkämpfen, die die japanischen Feudalherren vom 12. bis zum 15. Jahrhundert einander lieferten, bildete sich eine Krieger(Samurai)-Kaste, die dem Ritterstand des europäischen Mittelalters vergleichbar war. Ihr oberster Kriegsherr war der Shogun. Das No-Spiel stand traditionell unter seinem Schutz, die Hofleute und Samurai waren das eigentliche Publikum. Nur an besonderen Feiertagen durfte das Volk einer No-Aufführung beiwohnen. Im Unterschied zu den anderen Schauspielern und «fahrenden Leuten» nahmen die No-Spieler eine geachtete und gesicherte Stellung ein. Durch seine Bindung an die Oberschicht waren dem No aber bereits die Grenzen seiner Entwicklung gezogen. Es trieb zwar seine Darstellungsformen zu höchster Blüte, erstarrte aber in seinen Inhalten. Als die Feudalordnung 1868 in Japan gestürzt wurde, schien damit auch das Ende des No gekommen. Es hat sich aber in bestimmten Grenzen erhalten, und auch Versuche, die alten Formen mit neuen Inhalten zu versehen, sind nicht ausgeblieben.

Dame und Samurai,
Bühnenszene um 1810

No-Spiele sind sehr kurz und anders geartet als moderne Schauspiele. Sie bestehen aus lyrischen Dialogen, pantomimischen Tänzen, Reisebeschreibungen, Kampfszenen, Chorliedern usw. Mehrere No-Spiele, meist fünf, werden zu einem Programm zusammengestellt. Meist folgt auf ein Götterstück ein Kampfstück über die Heldentaten eines berühmten Kriegers, dann ein Frauenstück, auch «Perückenstück» genannt, weil im No die Frauenrollen von Männern dargestellt wurden, schließlich ein Stück tragischen Charakters, in dem der Tod eines geliebten Menschen beklagt oder gerächt wird, und der Schluß, an dem das Gute über die bösen Mächte triumphiert. Gespielt wird ohne Dekorationen auf einer nach drei Seiten offenen Plattform, die in den Zuschauerraum hineinragt. Die Kostüme sind farbenprächtig und kostbar. Für die Darstellung von Göttern, Geistern, Frauen werden Masken verwandt. Das Ensemble der Schauspieler wird von einem Orchester und einem Chor unterstützt. Die Bewegungen der Schauspieler folgen strengen Vorschriften, jede von ihnen hat eine festgelegte Bedeutung, die dem Zuschauer bekannt ist. Nur die Kampfstücke haben eine bewegte Handlung.

Kyogen

Um den Zuschauer zu erheitern, wurden kleine komische Zwischenspiele aufgeführt. Ein solches Spiel hieß Kyogen; es ist noch heute als das klassische Lustspiel in Japan lebendig. Seinen Ursprung verdankt es den Vorstellungen der herumziehenden Schauspieler, Gaukler, Jongleure. Die Stücke sind volkstümlich, possenhaft und voller kritischer Hiebe gegen Feudalherren, die Geistlichkeit und die Beamten. Ihnen stehen oft schlaue Diener gegenüber, die ihre Herren an der Nase herumführen. Die Autoren dieser Stücke sind unbekannt, ihre Namen wurden nicht überliefert, weil das Kyogen als «niedrig» galt.

Szene aus «Gebunden», einem Zwischenspiel (Kyogen) des No-Theaters Kanze, Tokio. Im Hintergrund ist das stets gleichbleibende Bühnenbild des No-Theaters – eine in tiefem Grün gehaltene, weit ausladende Krone einer Kiefer mit einem kurzen, dicken Stamm

Szene aus «Taniko» (Der Wolf ins Tal) von Zenciku (1405–1468) im Hosho-Theater, Tokio. Dieses No-Spiel diente Brecht als Vorlage für seine Schuloper «Der Jasager und der Neinsager»

Szene aus dem Stück «Grenzüberschreitung», aufgeführt am Kabuki-Theater, Osaka, 1979

Kabuki

Die zweite altjapanische Theaterform, das Kabuki, entstand im 16. und 17. Jahrhundert und wurde in den folgenden zwei Jahrhunderten für die Japaner das Theater schlechthin. Japan war im 15. und 16. Jahrhundert durch feudale Machtkämpfe verheert und erschöpft. Als mit dem endgültigen Sieg der Feudalordnung die Verhältnisse sich festigten, der Handel zu blühen und die Städte zu erstarken begannen, erfaßte die Bevölkerung der Städte große Begeisterung für den Tanz und für Vergnügungen aller Art. Es entstanden Truppen von Schauspielerinnen, die durch Tänze und Spiele riesige Zuschauermengen unterhielten und auch ansonsten in hoher Gunst standen.

Verbot des Frauen-Kabuki

Als der Regierung das muntere Treiben etwas zu bunt wurde, verbot sie das Frauen-Kabuki und erlaubte nur noch Knaben und Jünglingen solch öffentliches Auftreten. Aber auch das ging auf die Dauer nicht gut, und so wurde schließlich das Männer-Kabuki eingeführt, womit der Beruf des Kabuki-Berufsschauspielers begründet war. Diese Schauspieler waren nicht selten große Stars und lebten selbst wie begüterte Kaufleute. Jetzt bildete sich auch eine eigene Kabuki-Dramatik aus. Der größte Dramatiker seiner Zeit war Chikamatsu Monzeamon (1653–1725). Er schrieb auch viele bedeutende Stücke für das japanische Puppenspiel (Joruri). Für das Kabuki-Spiel wurden feste Theatergebäude mit einer hochentwickelten Bühnentechnik (die erste Drehbühne der Welt) gebaut. Die Begeisterung für Kabuki drückte sich auch in der Erfindung des sogenannten Blumenstegs aus, ein von der Bühne durch den Zuschauerraum verlaufender Steg, auf den die Zuschauer den von ihnen bewunderten Schauspielern Blumen und Geschenke legten. Den Blumensteg benutzte man auch als Schauplatz für große Auftritte; er ist später in Europa viel verwendet worden.

Der Blumensteg

Dem Kabuki ist die Einheit von Tanz, Gesang, Pantomime und dramatischem Spiel auch dann eigen geblieben, als es sich großen historischen oder zeitgeschichtlichen Stoffen zuwandte. «Chushingura» (Die Getreuen) heißt das bis heute vom Kabuki-Theater am häufigsten aufgeführte klassische Stück aus dem 18. Jahrhundert. Die Fabel geht auf eine Begebenheit aus dem Jahre 1702 zurück, wurde aber in eine frühere Zeit verlegt, weil die Regierung die Behandlung solcher Zeitereignisse verboten hatte.

«Chushingura»

Fürst Kono, der bestechliche und gewalttätige Statthalter von Kamakura, begehrt die Frau des Grafen Enyo, Kaoyo. Die Frau weist die Angebote Konos zurück. Als Kono den Grafen zynisch auffordert, ihm seine Frau zuzuführen, zieht Enyo das Schwert. Er wird von den Hofleuten überwältigt. Auf seine Tat steht nach den Gesetzen der Tod. Enyo verabschiedet sich in seinem Palast von seiner Frau. Die Gesandten überbringen ihm das Urteil: Der Graf wird dazu «begnadigt», sich selbst durch Harakiri, das Aufschlitzen des Bauches, den Tod zu geben. Enyo stirbt in Anwesenheit seiner Frau, der Gesandten und seiner Getreuen durch eigene Hand. Jetzt sind die Samurai, die Ritter des Grafen, herrenlos. Einige von ihnen beschließen, den Tod ihres Herrn zu rächen. Der Statthalter bedrängt die Witwe Enyos weiter, doch sie bleibt fest. Einer der Getreuen des Grafen, der junge Hayano, wird getötet, als er dem Statthalter mit der Waffe gegenübertritt. Endlich, am ersten Todestag des Grafen, gelingt es seinen Getreuen mit einer List, ihren Herrn zu rächen: Als Sänftenträger getarnt, dringen sie in den Palast ein und erschlagen den Statthalter.

Ein Geschenk der Götter

Das Theater im alten Indien

Das heilige Buch
der dramatischen Kunst

Nach einer indischen Legende ist das Theater im Himmel erfunden und dann auf die Erde gebracht worden. Gott Indra habe Brahma, den Schöpfer des Universums, gebeten, etwas zu erschaffen, das die Menschen von ihren irdischen Begierden ablenkt. Es müsse sowohl sichtbar als auch hörbar sein. Brahma versenkte sich in die vier heiligen Bücher. Dem ersten entnahm er das gesprochene Wort, dem zweiten den Gesang, dem dritten die mimische Kunst und das Gefühl dem vierten. So entstand der Natjaweda, das heilige Buch der dramatischen Kunst. Brahma lehrte den Weisen Bharata Muni die Kunst des Theaters und Tanzes, damit dieser sie den Menschen bringe. Bharata arbeitete Brahmas Unterweisungen zum Lehrbuch Natjaschastra aus, in dem er die Regeln festlegte, nach denen die Menschen die neue Kunst ausüben sollten.

Kathakali – ein panto-mimisches Tanztheater. Dieses Theater, obwohl es erst im 17. Jahrhundert seine endgültige Form ausbildete, hat uralte Rituale bewahrt. Es entstand in Malabar, das heute zu Kerala im Süden Indiens gehört. Im Kathakali sind Tanz, Schauspiel, Gesang und Instrumentalmusik aufs engste miteinander verschmolzen. Die ausdrucks- starke Gestik und Mimik muß ein Darsteller von Kindheit an trainieren. Sein Spiel ist erst dann vollkommen, wenn es Anmut, Schönheit und Phantasie auszeichnen.

Regeln für Theater

Das Natjaschastra steht am Beginn der geschriebenen Geschichte des indischen Theaters. Es entstand in der Zeit 200 vor und 200 nach unserer Zeitrechnung. Kein anderes Buch der alten Welt ist ihm vergleichbar. Bharata beschrieb darin bis ins einzelne alle Regeln des dramatischen Spiels, von den Bewegungen der Hände, dem Gang des Schauspielers, Farbe und Form seiner Masken und Kostüme bis zum Theaterbau. Er wandte sich gleichermaßen an den Schriftsteller, den Regisseur und den Schauspieler, weil nur aus ihrem Zusammenwirken eine Theateraufführung hervorgehen könne. Über das Drama sagte er: «Es soll sich auf das Tun und Lassen der Menschen – gut, schlecht oder gleichgültig – beziehen, sie ermutigen, belustigen und beglücken und gleichzeitig belehren, beraten und zum Nachdenken anregen.» Es sind natürlich nicht die Lehren Brahmas, die der Weise in seinem Buch niederlegte; wohl aber hat es mit den Brahmanen, den Priestern der indischen Götterwelt, zu tun. Auch stand das Buch nicht am Anfang der Entwicklung des Theaters in Indien, sondern faßte sie an einem Punkt seiner Geschichte zusammen.

«Ranga Sri – Die kleine Ballett-Truppe», 1952 von Shanti Bardhan gegründet. Diese Truppe wurde mit der Aufführung von «Ramajana» berühmt. Einige Künstler studierten das Stück gemeinsam mit jungen Dorfbewohnern in achtmonatiger Arbeit ein. Sie wählten dafür die Form eines bekannten indischen Puppenspiels, aber anstelle der Puppen spielten Schauspieler, die sich in viereckigen Masken und charakteristischen Kostümen wie Marionetten bewegten

Szene aus dem volkstümlichen Spiel «Jasma Odan» von Shanta Gandhi. Gastspiel des Nationalen Schauspielensembles Delhi in Berlin. Vor etwa fünfzig Jahren war die klassische indische Tanzkunst, die auf eine Geschichte bis weit in das zweite Jahrtausend vor unserer Zeitrechnung zurückblicken kann, durch den englischen Kolonialismus bedroht. Heute werden die verschiedenen klassischen Tanzstile und die alte Musik an mehreren Schulen gelehrt

Tänzerinnen des Ensembles des Ministeriums für Volksbildung der Republik Indien

Im altindischen Theater waren Tanz und Schauspielkunst eine Einheit und denselben Regeln unterworfen. Bharata hielt allein 24 Vorschriften für die Fingerhaltung fest, 13 für die Kopfbewegungen, 7 für das Spiel mit den Augenbrauen, 6 für die Haltung der Nase und 9 für die des Halses. Für die Augen gab es 36 Regeln, für die Füße 16 Stellungen am Boden und ebenso viele in der Luft. Die Regeln schrieben auch vor, wie der Schauspieler bestimmte Typen zu spielen hatte. Der Höfling schritt gewichtig aus, der Bettler schlurfte mit den Beinen, die Hetäre (das indische Freudenmädchen) wiegte die Hüften, die Hofdame trippelte, und der Narr, die beliebteste Figur, ging mit erhobenen Fußspitzen. Die Rollen der Könige, Kriegshelden und Gelehrten waren in der Sprache der Gebildeten, Sanskrit, geschrieben, die anderen Figuren sprachen die Volkssprache. Die Aufführungen fanden in Tempeln und Palästen statt. Die reichverzierten, aber dekorationslosen Bühnen waren durch einen Vorhang geteilt. Vor ihm traten die Darsteller auf, hinter ihm wurden die zum Spiel gehörigen Geräusche, wie zum Beispiel Kriegsgetümmel, erzeugt.

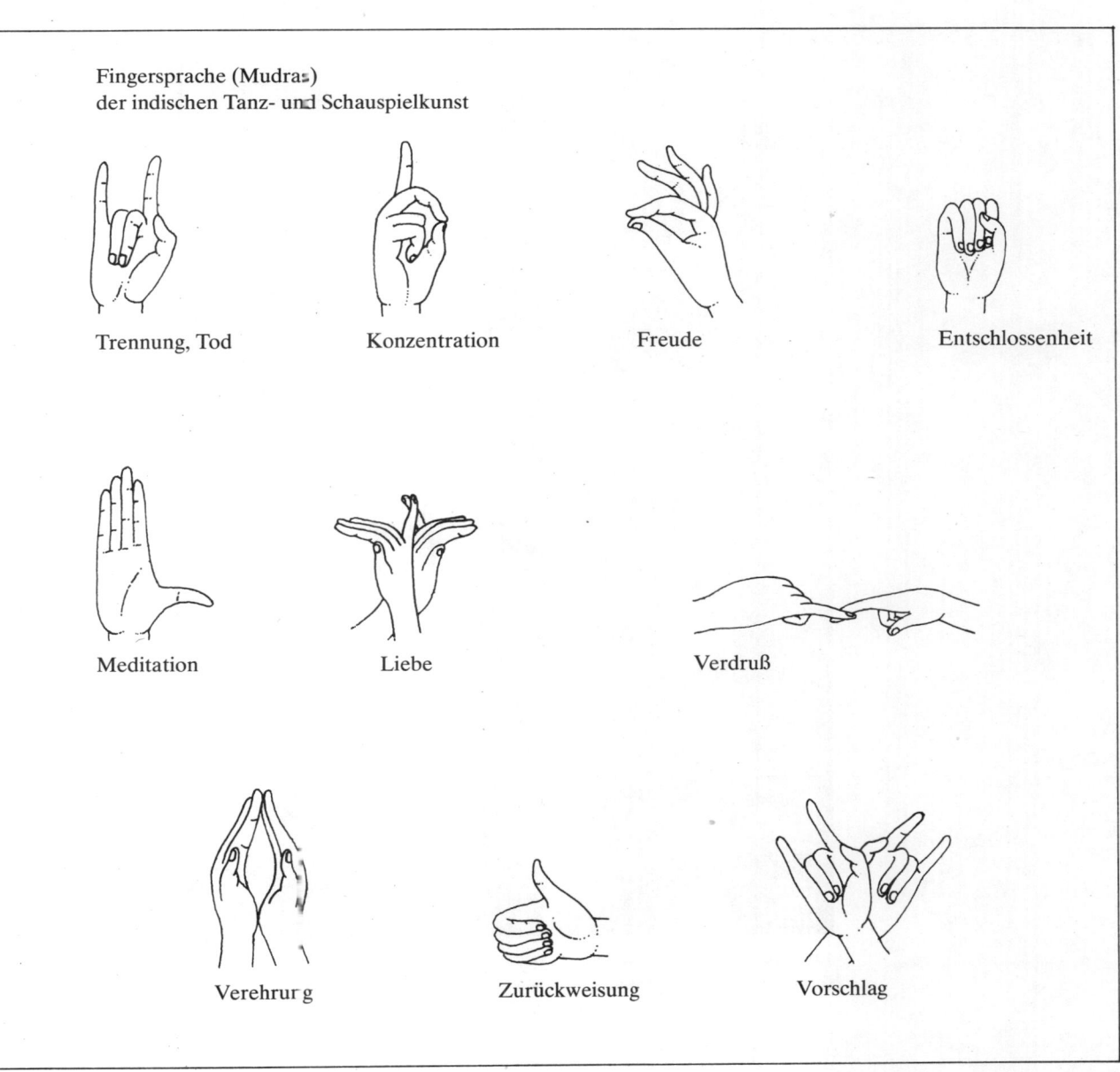

Fingersprache (Mudras) der indischen Tanz- und Schauspielkunst

Trennung, Tod   Konzentration   Freude   Entschlossenheit

Meditation   Liebe   Verdruß

Verehrung   Zurückweisung   Vorschlag

Theater der Kasten

Im indischen Altertum waren die Menschen streng in vier «Kasten» einge-
teilt. Die oberste Kaste bildeten die Brahmanen. Sie, die Priester, befanden
sich im Besitz des Wissens der vier «heiligen Bücher» und beherrschten
gottähnlich alles Leben. Die zweite herrschende Kaste der Krieger stellte
die Fürsten und Könige zur Ausübung der weltlichen Macht. Der dritten
Kaste gehörten Bauern, Viehzüchter und Händler an. Sie galten noch
als «wohlgeboren». Wer jedoch zur vierten Kaste der Diener, Handwerker
und Tagelöhner gehörte, war rechtlos. Die beiden oberen Kasten sprachen
die gehobene Sprache Sanskrit, die unteren in den Volkssprachen. Diese
Teilung geht auch durch das altindische Theater. In der Welt der Oberschicht

Sanskrit-Dramen

entstand das klassische Sanskrit-Drama, in den unteren Schichten entwickelten sich verschiedene Volkstheaterformen. Beide Theaterkulturen haben
einander beeinflußt und auch vieles gemeinsam, vor allem die Verschmel-

Javanische Schattenspiel-
figur (wayang kulit) aus
Leder, bunt bemalt, an
Hornstäben geführt, Moelo
Butam, den König von
Pertola, darstellend.
Erste Nachrichten über das
Schattenspiel, der kunst-
vollsten Theaterform
Südostasiens, stammen aus
der Zeit um 1430.
Es entstand auf Java, als
indische Seefahrer, Kauf-
leute und Priester das
indonesische Inselreich
eroberten. Die Wayang-
Figuren werden aus Büffel-
haut nach genauen Vorgaben
ausgeschnitten. Jede Linie,
jedes Ornament hat einen
bestimmten Sinn, den der
Figurenschneider ebenso
kennen muß wie sein Hand-
werk

zung von Tanz, Gesang, Pantomime und Schauspielkunst zu einer höchst verfeinerten Darstellungskunst.

Das Sanskrit-Drama handelt meist von Liebesgeschichten. Es erreichte durch den Hofdichter Kalidasa im 5. Jh. u. Z. seine höchste Stufe. Über Kalidasas Leben ist wenig bekannt. Er soll Hirt gewesen sein, bevor er zu großen Ehren gelangte. Die Stoffe für seine Stücke entnahm er vor allem den «heiligen Büchern», bearbeitete sie aber für den Geschmack seines Publikums. In seinem bekanntesten Stück «Schakuntala» verlieben sich ein König und ein schönes Mädchen von geheimnisvoller Herkunft leidenschaftlich ineinander, in einem Wald, in dem der König zur Jagd ist und Schakuntala bei Priestern zurückgezogen lebt. Als der König wieder zum Hof eilen muß, schenkt er der Geliebten einen Ring und verspricht ihr, sie bald für immer zu sich zu holen. Versehentlich erzürnt Schakuntala aber einen der Prie-

«Schakuntala»

Kathakali-Schauspieler
beim Schminken.
Die Vorstellung beginnt
stets nach Sonnenuntergang
und dauert bis tief in die
Nacht. Aber schon am frühen
Morgen bereitet der Masken-
bildner die Farben vor,
vermischt sie mit Öl und
füllt sie in kleine Schalen.
Viele Stunden widmen die
Darsteller dem Schminken
ihrer kunstvollen Masken.
Dabei entspannen sie sich
und verwandeln sich in die
Figur, die sie am Abend
spielen werden

Tanzszene auf der Bühne.
Das Kathakali-Theater
verzichtet auf Dekorationen.
Die leere Bühne ist die
Welt. Eine große, helle
Lampe stellt die Sonne,
eine kleinere den Mond dar.
Lautes Trommeln stimmt die
Zuschauer auf die Aufführung
ein. Zwei Schauspieler
halten einen Vorhang hoch.
Dahinter werden die Götter
angerufen, ein Darsteller
beginnt zu tanzen. Zunächst
sind nur sein Kopf und
seine Füße sichtbar, erst
wenn der Vorhang weg-
gezogen wird, fängt das Stück
an

Kathakali-Schauspieler
vor dem Auftritt

ster. Dieser verhängt über sie den Fluch, daß der König sie vergessen werde. Nur ein bestimmtes Zeichen, es ist der Ring, könne ihm die Erinnerung an sie wiedergeben. Schakuntala erwartet ein Kind und reist zum Hof. Sie hat aber den Ring beim Waschen verloren, und so erkennt der König sie nicht. Eine Elfe führt die verzweifelte Schakuntala davon. Da wird dem König der Ring gebracht, er hatte sich im Magen eines Fisches befunden. Sofort kehrt die Erinnerung an Schakuntala zurück und stürzt den König in tiefen Schmerz. Das altindische Drama scheut jedoch den unglücklichen Ausgang. Der König bewährt sich im Kampf gegen die Feinde des Gottes Indra. Zum Lohn wird er in der Götterwelt wieder mit der Gattin vereinigt, die inzwischen einen Sohn zur Welt gebracht hat. Glücklich werden sie im Königreich zusammen leben.

Ramajana und Mahabharata

Eine große Rolle spielten für die indische Dramatik die beiden großen Heldenlieder Ramajana und Mahabharata. «Die Ereignisse, die dem Ramajana zugrunde liegen, haben schätzungsweise 2000 vor unserer Zeitrechnung stattgefunden. König Rama, der ein Gelöbnis seines Vaters einlösen mußte, verzichtete auf den Thron und ging für vierzehn Jahre in eine selbstgewählte Verbannung. Begleitet von Sita, seinem pflichttreuen Weib, und seinem jüngeren Bruder Lakschmana, zog er von Dschungel zu Dschungel und kämpfte gegen die Dämonen. Eine goldene Gazelle – in Wirklichkeit ein verwandelter Dämon – verlockte Rama, Jagd auf sie zu machen. In Ramas Abwesenheit wurde Sita von Rawana, dem Dämonenkönig von Lanka (Cylon), geraubt. Rama kämpfte nun gegen Rawana, und mit Hilfe einer Armee von Affen unter der Führung Hanumans, des Affengottes, überquerte er den schmalen Meeresstreifen. Hanuman setzte das goldene Lanka in Brand. Rama tötete Rawana, befreite Sita und kehrte heim, nachdem er das Böse vernichtet und den Frieden wiederhergestellt hatte» (Balwant Gargi). Bis heute lebt in Indien das Heldenlied des Ramajana fort. Jeder kennt es, Festspiele werden veranstaltet, Filme nach ihm gedreht und Stücke geschrieben.

Volkstheater

Das Sanskrit-Theater war, wie schon gesagt, kein Volkstheater wie das Theater der griechischen Antike oder später das Theater Shakespeares. Aber auch in Indien lebte das Bedürfnis der einfachen Menschen nach dem dramatischen Spiel. Das Leben auf dem Lande war gleichförmig und das Auftreten von Gauklern, Musikanten, Tänzern, Akrobaten, Sängern eine der wenigen Abwechslungen im Alltag der Bauern. Eine Vielfalt von Volkstheaterformen in den verschiedenen Hauptsprachen und Hunderten von Dialekten entstand. Eine Schauspielertruppe setzte sich meist aus den Angehörigen einer Familie zusammen. Die Dorfbewohner bewirteten die wandernden Schauspieler und bezahlten sie mit Geldspenden. Die Aufführungen fanden im Freien statt, ohne Bühne und Dekorationen. Immer waren die Vorstellungen mit Gesang und Tanz verbunden. Die Stücke handelten von Göttern und Helden, die den Zuschauern meist aus der Überlieferung bekannt waren, aber auch von Kämpfen, Liebe und Begebenheiten aus dem Alltag. Hier vor allem hatte die beliebteste Figur des indischen Volkstheaters, der Narr, einen unerschöpflichen Stoff für Späße, aktuelle Anspielungen und satirische Stegreifeinlagen über örtliche Verhältnisse. Die Oberschicht der Gutsbesitzer, Beamten, Wucherer und Kaufleute war die bevorzugte Zielscheibe seines Spottes.

Das klassische Sanskrit-Theater ist ein kostbarer geschichtlicher Besitz, aber es lebt heute nicht mehr. Die Tradition des indischen Volkstheaters hingegen hat seine Kraft bis in unsere Zeit bewahrt.

Volkstheater für eine Königin

Das elisabethanische Theater

Das englische Theater der Renaissance wird nach Königin Elisabeth I., die das Land von 1558 bis 1603 regierte, auch elisabethanisches Theater genannt. Unter Elisabeths Regentschaft befanden sich die Interessengegensätze zwischen Krone, Adel und Bürgertum noch in einem Zustand der Balance. Die Adelsgeschlechter hatten sich durch langwährende Machtkämpfe untereinander geschwächt. Sie besaßen zwar noch ihre Vorrechte, aber nicht mehr die Kraft, sich gegen die national einigende Gewalt des Königtums zu widersetzen. Das englische Bürgertum war durch den allgemeinen Aufschwung von Handel und Gewerbe wirtschaftlich erstarkt und selbstbewußt geworden. Nach dem Sieg über die spanische Kriegsflotte, die Armada, von 1588 öffneten sich England auch die Weltmeere. Die Zeit der Kolonisation

Die Bühne des Red Bull
Playhouse in London

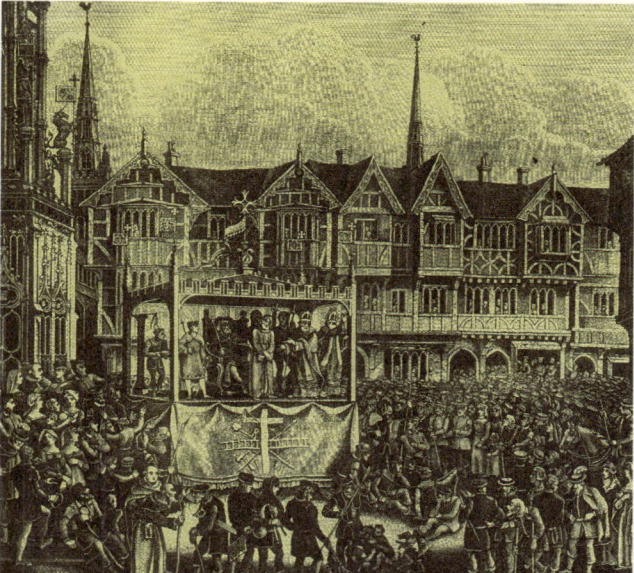

Misterienspiel auf der für England typischen Wagenbühne (pageant). Mehrere solcher Wagen waren auf verschiedenen Plätzen über die Stadt verteilt. Für die Misterienspiele (misterium = Gottesdienst) boten die Bibel und das Leben der Heiligen reichlich Stoff. Vor allem die Wechselgesänge und Umzüge, womit die Geschichten von der Geburt, dem Leiden, dem Tod und der Auferstehung Christi nacherzählt wurden, reizten zur theatralischen Darstellung. Sie vermittelten dem des Lesens unkundigen Volk einen lebendigen Anschauungsunterricht in christlicher Lehre, verschmähten aber keineswegs derbkomische weltliche Szenen und Zwischenspiele

fremder Länder und Erdteile durch die Engländer begann. Die Königin förderte die ökonomische Entwicklung, weil der Hof für seine Machtentfaltung Nutzen daraus zog. Sie konnte nicht wissen, daß sie damit den Gang der Geschichte auf die erste bürgerliche Revolution der Welt hin beschleunigen half, in deren Verlauf das englische Bürgertum Mitte des 17. Jahrhunderts auch die politische Macht ergriff.

In der Blütezeit des englischen Theaters, in den zwei Jahrzehnten zwischen 1590 und 1610, waren Gegensätze vorhanden, aber noch nicht aufgebrochen. Das Theater profitierte vom scheinbaren Gleichgewicht der Kräfte. Von der Krone und einigen Adelshäusern wurde es zum Zweck der Unterhaltung und der Repräsentation benutzt und vor theaterfeindlichen Stadtbehörden geschützt, das Volk und die wohlhabenden Bürger nahmen es als neuartige Vergnügung begeistert an.

Historien und Moralitäten

Das elisabethanische Theater hatte seine Wurzeln in den Volkstheater-Traditionen des 14. und 15. Jahrhunderts. In den Städten übernahmen die Zünfte von der Kirche die Ausrichtung von Theatervorstellungen. Gespielt wurden «Historien» aus der Weltgeschichte, wie man sie damals begriff, Geschichten zwischen Schöpfung und Jüngstem Gericht. Später kamen «Moralitäten» hinzu, in denen Himmel und Hölle um die Seele des Menschen rangen. In Zwischenspielen (Interludes) entfernte sich das Theater vom biblischen Stoff und nahm oft turbulente Geschehnisse aus dem Alltag auf.

Fahrendes Volk

Der königliche Hof und der Adel begannen im 16. Jahrhundert aus Italien die Sitte zu übernehmen, sich für die Ausgestaltung von Festen Narren,

Szene aus dem am Pfingstmontag 1539 in Zürich durch die Bürgerschaft aufgeführten Spiels «Von dess herren Wingarten» von Wundarzt und Steinschneider Jakob Ruff: Satan meldet vor der Hölle Luzifer den Tod seines Sohnes

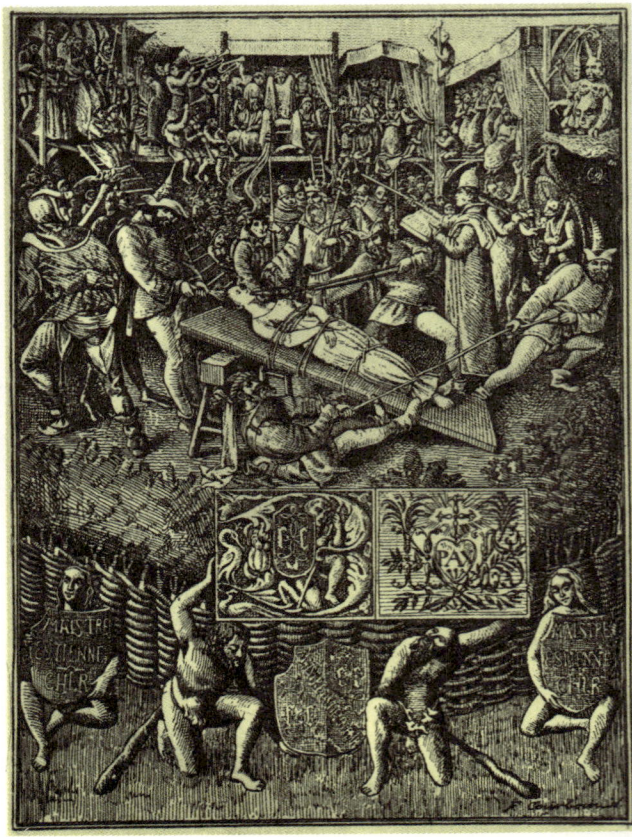

Misterienspiel mit dem Martyrium der heiligen Apollonia um 1460. Rechts der Spielmeister mit aufgeschlagenem Regiebuch und Dirigierstab.

Hinter ihm der Höllenrachen mit den Teufeln. Oben links der Himmel mit der angelehnten Leiter, auf der zwei Engel sitzen

Gaukler und Schauspieler zu halten. Für dieses «fahrende Volk» war es wichtig, einem festen Herrn zu dienen, weil sie sonst von den Behörden als Landstreicher verfolgt wurden. Sie bekamen außer diesem Schutz nicht viel Geld, wodurch sie genötigt waren, mit Auftritten vor der Stadtbevölkerung zusätzlich etwas zu verdienen. Diese Volksvorstellungen wurden immer beliebter. Es bildete sich ein regelmäßiger Spielbetrieb für ein zahlendes Publikum heraus. Das Anstellungsverhältnis bei einem «Herrn» lockerte sich, bis es nur noch aus einer Schirmherrschaft zum Schutz vor den Behörden bestand, für den die Schauspielertruppen auf Bestellung mit geschlossenen Vorstellungen vor dem Schirmherrn zahlen mußten. Diese Spaltung des Theaterlebens in öffentliche Aufführungen für das Volk und exklusive für die feudalen Oberschichten blieb auch in der Blütezeit des englischen Theaters erhalten, die mit der Entstehung des Berufstheaters in der Mitte des 16. Jahrhunderts ihren Anfang nahm. In dieser Zeit wurde die erste Generation der englischen Dramatiker geboren: John Lyly (1554), Thomas Kyd (1558), Robert Greene (1558), Christopher Marlowe (1564) und William Shakespeare (1564). Sie alle waren humanistisch gebildet, fühlten sich aber gleichermaßen zum pulsierenden englischen Volksleben und seinem Theater hingezogen; ihre Lebenswege verliefen nicht selten abenteuerlich. Wie in keinem anderen Land jener Zeit ging in England das wiederentdeckte geistige Gut der Antike eine Verbindung mit der lebendigen Kultur des Volkes ein, worin eine Ursache für den einzigartigen Aufstieg des elisabethanischen Theaters und des nationalen englischen Dramas liegt.

Die Entstehung des Berufstheaters

Zu allen Zeiten, auch im Mittelalter, sind Spielleute, Gaukler, Musikanten, Tänzer, Marionetten- und Puppenspieler auf Märkten aufgetreten, hier während einer Kirmes in Holland um 1610

**Burbages
Theatergebäude**

Das steigende Interesse der Londoner Bevölkerung an öffentlichen Aufführungen weckte das Bedürfnis nach festen Theatergebäuden. Die Schauspielertruppen hatten zunächst vornehmlich in den Höfen von Wirtshäusern auf einfachen Podesten gespielt, umgeben von den Zuschauern im Hof und auf den Rundgängen des Gebäudes. Diese Spielstätten waren bald zu klein und zu primitiv. Als erster begriff der geschäftstüchtige Zimmermann James Burbage, daß ein eigenes Theatergebäude mit einem größeren Fassungsvermögen an Zuschauern einträglich sein mußte. 1576 baute er in London das erste Theater, das er einfach *theatre* nannte. Er übernahm von den Arenen, in denen ein Hauptvergnügen der Londoner, die Tierhatz, stattfand, die gerundete Grundform und stellte das Spielgerüst der Wirtshaushöfe hinein. So verband er die Architektur und Funktion zweier vorhandener Unterhaltungstätten zu einer dritten, neuen, dem Theater, das schnell zu den Attraktionen Londons gehörte. Dem theatre folgten weitere Gründungen mit Namen wie «The Rose» (Die Rose) oder «The Swan» (Der Schwan), und 1599 bauten die Söhne des James Burbage «The Globe» (Der Globus), die berühmteste Bühne des elisabethanischen Theaters und der Uraufführungsort der meisten Stücke Shakespeares.

**Einheitliche
Architektur**

Die Architektur der Londoner Theater war relativ einheitlich. Der Zuschauerraum umgab die Spielfläche an drei Seiten. Die Außenbegrenzung des Gebäudes bildeten mehrgeschossige überdachte Galerien für Sitzplätze, in der nicht-überdachten Mitte des Hauses, Grube genannt, gab es die Stehplätze. Die Bühne bestand aus einem erhöhten Spielpodest, das tief in die Grube hineinreichte und auch von den Galerien eingesehen werden konnte. Rückwärts wurde das Podest von einer Wand abgeschlossen, hinter der sich die Garderoben für die Schauspieler befanden. In diese Wand war eine zweite, kleinere Bühne eingelassen, mit einem Vorhang abdeckbar, und darüber befand sich eine dritte Bühne, der Balkon. Das Gebäude wurde von einem Turm überragt, von dem aus ein Trompeter den Vorstellungsbeginn ankündigte. Ein Mast trug die Fahne mit dem Emblem des Theaters – Schwan, Rose usw. Im Turm war oft eine Flugmaschine für besondere Auftritte der Schauspieler eingebaut.

**Theater als eine Art
Volksversammlung**

Während der Regentschaft Elisabeths entstanden in London rasch nacheinander elf Theater, die in der Regel sechsmal in der Woche spielten. Das Globe Theatre faßte pro Vorstellung 2 000 bis 3 000 Zuschauer. Wenn man davon ausgeht, daß in jener Zeit in London 200 000 Menschen lebten und die Theater immer voll oder doch gut besucht waren, erhält man einen Begriff von der Theaterbesessenheit der Londoner. Im Theater trafen sich alle Schichten der englischen Gesellschaft; vor allem waren aber die Vorstellungen eine Art Volksversammlung demokratischen Charakters, in denen sich das erstarkte Selbstbewußtsein des englischen Bürgertums lebendig ausdrückte.

**Theaterhunger
der Londoner**

Ein solcher Theaterbetrieb hatte einen schwer zu sättigenden Bedarf an Stücken, zumal ein Stück schon nach kurzer Laufzeit durch ein neues ersetzt werden mußte, um den Theaterhunger der Londoner zu befriedigen und günstige Einnahmen zu erzielen. Die Bühnenautoren griffen nach allen Stoffen und Vorlagen, die das Interesse der Zuschauer finden konnten. So gelangte das Bildungsgut der Humanisten ebenso in den Sog einer hektischen Dramenproduktion wie die Überlieferungen aus der englischen Geschichte oder Geschehnisse aus dem Volksleben der Zeit.

Aufführungsrechte
der Autoren

Die Aufführungsrechte der Autoren waren nicht wie heute gesetzlich geschützt. Ein Bühnenmanuskript wurde von einer Schauspielertruppe gekauft und sorgsam vor der Konkurrenz gehütet. Dennoch gelangten viele Stücke durch sogenannte Raubdrucke in Umlauf. Hochspezialisierte Zuschauer kannten den Text der Stücke auswendig und gaben ihn an Druckereien weiter, die an einem populär gewordenen Werk mitverdienen wollten. Auch Zwischenhändler schalteten sich ein, die sich Bühnenmanuskripte oft auf dunklen Wegen besorgten und weitervermittelten. Die Autoren selbst veröffentlichten ihre Stücke zu dieser Zeit noch nicht, um sie nicht zu entwerten.

Es ist überliefert, daß zwischen 1590 und 1642 rund 50 Berufsdramatiker arbeiteten. Sie schrieben in der Regel für bestimmte Truppen, ja sogar die Rollen einzelnen Schauspielern «auf den Leib». Auch kannten sie sehr genau die Bedürfnisse ihres Publikums, kalkulierten die Reaktionen ein, befanden sich gleichsam in ständiger Wechselbeziehung zum Zuschauer, was eine wesentliche Seite des Volkstheaters ist.

Schauspieler
als Teilhaber

Einer elisabethanischen Schauspielertruppe gehörten etwa 15 Mitglieder an. Wenn ein Stück es verlangte, wurden weitere Schauspieler zugezogen. Die Truppen arbeiteten auf genossenschaftlicher Basis, das heißt, ihre Mitglieder waren Teilhaber des Theaterunternehmens und vielfach auch Mitbesitzer der Gebäude. Sie lebten von ihrem Anteil am Erlös der Vorstellungen. Den Truppen gehörten nur Männer an. Die weiblichen Rollen wurden grundsätzlich von Männern oder Knaben, den Schauspieleleven, gespielt. Das Publikum nahm daran keinen Anstoß, im Gegenteil, es war bereit, allein am Wort

Das Swan Theater, 1596.
Diese Abbildung ist die
einzige erhaltengebliebene
zeitgenössische Darstellung
des Innenraumes eines
elisabethanischen Theaters

Das Globe Theater am
Südufer der Themse faßte
2000 Zuschauer.
1599 von den Söhnen
Burbages erbaut, verdankt
es vor allem Shakespeare
seinen Ruhm. Die theater-
feindlichen Puritaner
ließen es später abreißen

des Dichters und durch die Kunst des Schauspielers sich eine Frauengestalt in der Phantasie vorzustellen.

Gespielt wurde bei Tage, denn es gab noch keine Beleuchtung für diese Theater, und ohne Dekorationen. Ort und Zeit des Bühnengeschehens entnahmen die Zuschauer bereitwillig dem gesprochenen Text, oder sie wurden kurzerhand auf Tafeln bekanntgegeben. Auch der Vorhang, der einen Szenenwechsel abdeckt, war unbekannt. Wurde ein Requisit während des Spiels benötigt, brachte es jemand auf die Bühne. Nur die Kostüme, die dem Kleidungsstil der Zeit entsprachen, erhielten gelegentlich eine charakterisierende Zutat, einen Panzer, eine bestimmte Kopfbedeckung und dergleichen. Die scheinbare Armut der szenischen Mittel forderte in Wirklichkeit einen enormen Reichtum heraus – im dichterischen Wort, in der Kunst des Schauspielers und in der Vorstellungskraft des Zuschauers.

Die «emporgekommene Krähe»

Shakespeare

Im Vergleich zu den abenteuerlichen Lebensgeschichten anderer Renaissancedichter verlief das Leben William Shakespeares ruhig, arbeitsam und erfolgreich. Hingegen ist die Welt, die seine Stücke abbilden, voller unerhörter Begebenheiten.

Shakespeare wurde vermutlich am 23. April 1564 in der englischen Kleinstadt Stratford-on-Avon (am Fluß Avon) geboren. Sein Vater, ein Handwerker, war ein angesehener Bürger der Stadt und zeitweise deren Bürgermeister. In der Lateinschule von Stratford lernte er die Werke der antiken Autoren kennen. Mit 18 Jahren heiratete er Anna Hathaway, die ihm drei Kinder zur Welt brachte. Aber schon einige Jahre später, 1585 oder 1586, verließ Shakespeare seine Heimatstadt aus nicht geklärten Gründen und ging nach London. Nur in den Sommermonaten kehrte er zu seiner Familie zurück.

Über die ersten Londoner Jahre ist wenig bekannt. Wahrscheinlich hat er bald am Theater zu arbeiten begonnen, zunächst in untergeordneten Verrichtungen, dann als Schauspieler, Spielleiter und Stückeschreiber. 1592 wird er erstmals in einer böswilligen Schrift des Dramatiker-Kollegen Robert Greene als Emporkömmling unter den Londoner Bühnenautoren genannt, als «emporgekommene Krähe» und «Hans Allesmacher». Es war der Neid, der den heruntergekommenen Greene das aufsteigende Genie Shakespeare beschimpfen ließ. 1598 feierte der Kritiker Francis Meres Shakespeare bereits als den besten englischen Bühnenautor.

Kein anderer Dramatiker der Welt hat die Bühne mit so vielen unvergänglichen Gestalten bevölkert wie Shakespeare. Seine Menschen sind Geschöpfe aus Überlieferungen und poetischer Phantasie, sie gehören der Zeit Shakespeares ebenso an, wie sie zeitlos sind. Jede neue Generation nimmt sie für sich in Besitz, um mit ihnen zu leben. Unzählbar sind die Zeichnungen, Graphiken, Gemälde und Plastiken, die nach seinen Bühnenfiguren gefertigt wurden. Die Musik, der Tanz, der Film haben sie gedeutet und immer wieder aus Shakespeares Worten erstehen lassen. Spätere Dichter riefen sie herbei, damit ihr Licht auf die eigene Zeit falle, und für jeden guten Schauspieler ist es ein Glück, in einem Shakespeare-Stück zu spielen.

«Komödie der Irrungen» Aber auch er erlernte das Handwerk des Stückeschreibens wie andere Menschen ihren Beruf. Die «Komödie der Irrungen», sie gilt als sein erstes Stück und entstand um 1590, ist eine Fingerübung des jungen Shakespeare, einen ihm aus der Schulzeit bekannten Text des Römers Plautus in eine der Zeit gefällige Form zu bringen. Auch die rasch nachfolgenden Komödien «Liebes Leid und Lust» und «Die beiden Veroneser» sind mit leichter Hand verfaßt, und Shakespeares erste Tragödie «Titus Andronicus» gilt nachgerade als ein verfehltes Werk, das mit Fug und Recht von der Bühne verschwunden sei. Aber dann steigt aus der Tetralogie (Folge von vier Stücken), die der Lebensgeschichte und der Epoche des englischen Königs Heinrich VI. gewidmet ist, **«Richard III.»** jener Richard III. empor, ein Erzschurke, der die Königsmacht haben will und dafür vor keinem Verbrechen zurückschreckt, bis daß er selbst beseitigt wird. Die Hunde bellen, wenn er vorbeihinkt, eine Mißgestalt, in Kriegszeit ein kühner Kämpfer, doch im Frieden nun nicht gemacht, bei Menschen Liebe zu erwecken. So beschließt er, ein Bösewicht zu werden. Er läßt kalt ermorden, die ihm im Weg zum Thron stehen. Als er ihn erklommen hat, rückt sein Gegenspieler Richmond mit einem starken Heer gegen ihn an. In der Nacht vor der Schlacht erscheinen Richard die Gesichter seiner Opfer und klagen ihn an. In der Schlacht erweist er sich als der starke Krieger, der er einst war. Fünfmal erschlägt er seinen Gegner Richmond, das heißt, fünf fälschliche Richmonds erschlägt er, bis der sechste, der echte, ihn niederstreckt. Shakespeare läßt seiner Figur Gerechtigkeit widerfahren und gibt ihr selbst im Bösen Größe – Richard stirbt nicht als Laus wie andere Massenmörder der Geschichte. Aber er huldigt auch seiner Königin mit dem Stück, denn Richmond besteigt als Heinrich VII. den Thron und begründet ein neues Herrscherhaus, die Tudor-Dynastie, aus dem Königin Elisabeth her-

Schauspieler
der Shakespeare-Truppe

Schauspieler
der Shakespeare-Truppe

vorgehen wird. So war die Tragödie «König Richard III.», entstanden um 1593 und Shakespeares erstes Meisterwerk, für die Zuschauer ein Stück über jüngste Vergangenheit und mit aktueller Bedeutung.

Shakespeare hat viele «Königsdramen» geschrieben, wie man seine Historien über die englische Geschichte bis zur Zeit Elisabeths nennt: nach «König Heinrich VI.» und «König Richard III.» Stücke über die Könige Richard II., Heinrich IV., Heinrich V., König Johann, Heinrich VIII. (Elisabeths Vater). Er war als Dichter Historiker, und er konnte mit dem Interesse der Engländer an ihrer Geschichte rechnen. Die Zeiten überdauert haben aber vor allem die Tragödien und Komödien, in denen sich seine Phantasie freier entwickeln konnte.

«Romeo und Julia» Von Anfang an gehörte die Tragödie «Romeo und Julia», entstanden um 1595, zu den beim Publikum erfolgreichsten Stücken Shakespeares. Es erzählt von der Feindschaft der reichen Familien Montague und Capulet im italienischen Verona und von der Liebe Romeos und Julias zueinander, die den verfeindeten Familien angehören. Die Liebenden bringen sich selbst um ihr Leben, weil jeder von ihnen irrtümlich meint, der andere sei tot, aber ihr Tod legt den Zwist zwischen den Elternhäusern bei. So ist, im erweiterten Sinne, es die Liebe, die die Feindschaft unter den Menschen befrieden kann.

«König Heinrich IV.» Von einer Gestalt aus der zweiteiligen Historie «König Heinrich IV.» war Königin Elisabeth so entzückt, daß sie bei Shakespeare ein Stück über sie bestellte, nämlich über den heruntergekommenen **Ritter John Falstaff.** Das Faß von einem Mann, ein Säufer und Prahlhans, sollte in eine Liebesgeschichte verwickelt werden. Shakespeare schrieb **«Die lustigen Weiber von Windsor».** Darin hat sich der dicke Sir John gleich zwei ehrsame Bürgersfrauen, Frau Fluth und Frau Page, für heimliche Liebesabenteuer ausgesucht. Er schreibt ihnen gleichlautende Briefe mit Bitten um ein Stelldichein. Doch die beiden «lustigen Weiber» spielen ihm einen Streich nach dem anderen. Beim ersten Stelldichein muß sich Falstaff vor dem eifersüchtigen Herrn Fluth in einem Korb verstecken und wird zusammen mit schmutziger Wäsche von Dienern in einen Graben gekippt, beim zweiten flieht er in Frauenkleidern und unter Prügeln aus Fluths Haus, und schließlich wird er bei einem Treffen im Park von als Elfen und Feen verkleideten Kindern in Angst und Schrecken versetzt. Aber nicht nur der liebestolle Ritter erhält seinen Denkzettel, auch Herr Fluth, der gar keinen Grund hatte, an der Treue seiner Frau zu zweifeln, geht belehrt aus der Geschichte.

«Kaufmann von Venedig» Eine düstere Figur hingegen ist Shylock im «Kaufmann von Venedig», geschrieben um 1596. Shylock hat als gläubiger Jude von den Venezianern viel Schmach zu erdulden. Aber er ist zugleich ein vermögender Geldverleiher. Von ihm leiht sich der Kaufmann Antonio für einen Freund 3 000 Dukaten. Shylock gibt sie ihm unter der Bedingung, nach Ablauf der Leihfrist entweder das Geld zurückzuerhalten oder sich aus Antonios Leib ein Pfund Fleisch herausschneiden zu dürfen. In der Gewißheit, die Schuld bald begleichen zu können, geht Antonio auf den ungewöhnlichen Handel ein. Doch Schiffsuntergänge bringen ihn um sein Vermögen, so daß er das Geld nicht zurückzahlen kann. Vor Gericht besteht Shylock auf seinem Recht auf das Pfund Fleisch aus Antonios Leib. Aber er wird überlistet. Die kluge Porzia, als Jurist verkleidet, weist nach, daß Shylocks Anspruch zwar zu Recht bestehe, aber eben nur auf ein Pfund Fleisch und kein Gramm mehr, und es dürfe beim Herausschneiden kein Blut fließen, andernfalls müsse Shylock mit dem

Tode büßen. Da diese Klauseln nicht erfüllbar sind, wird Shylock um seine
Rache gebracht. Ist er grausam? Auch der Verlust der geliebten Tochter, die
sich von einem Christen entführen läßt, rechtfertigt nicht seinen Starrsinn,
und die Zugehörigkeit zur drangsalierten Minderheit der Juden ist kein zu-
reichender Grund für Rache solcher Art. Aber es geht in dem Stück nicht um
Glaubensfragen, sondern um Geld. Shakespeare zeigte in seinem Stück die
sich gewaltig aufrichtende Allmacht des Geldes. Für alle Verbrechen, die
dafür begangen worden sind, ist die Forderung nach dem Pfund Fleisch aus
dem Leib eines Mitmenschen ein böses Gleichnis. Shakespeare gibt dem
Stück einen versöhnenden Schluß. Bassiano, für den sich Antonio die Dukaten geliehen hatte, damit dieser um Porzias Hand werben kann, kommt an
das Ziel seiner Wünsche, und in Porzias Haus beendet ein lustiges Fest das
fatale Geschehen, aus dem nur Shylock als der Geschlagene hervorgeht.

«Der Widerspenstigen Zähmung» Etwa ein Jahr später schrieb Shakespeare die Komödie «Der Widerspenstigen Zähmung». Ein Vater hat zwei Töchter, die kratzbürstige Katharina und
die sanftmütige Bianca. Katharina gerät an den Edelmann Petruchio, der
sich vornimmt, Katharinas Widerspenstigkeit zu brechen und sie als Frau
nach Hause zu führen. Sein Trick ist, es noch toller als Katharina zu treiben,
und er hat Erfolg mit ihm. Er setzt die Hochzeit durch, erscheint zu ihr aber in
Lumpen. In der Ehe gebärdet er sich noch launischer, als es Katharina vermag. Am hellichten Tag muß sie den Mond bewundern, sie muß hungrig zu
Bett gehen, weil das Essen nach Meinung ihres Gemahls nicht schmeckte, und
auf ihrer Haube herumtrampeln, weil sie angeblich nicht schön sei. Schließlich hat Petruchio seine Katharina so klein, daß sie vor ihrer «sanften»
Schwester Bianca ein Loblied auf den Gehorsam der Frau vor dem Manne

«Romeo und Julia»
im 18. Jahrhundert

. . . und im 20. Jahrhundert

singt. Dagegen verwandelt sich, ein Shakespearescher Witz, die liebe Bianca in einen Hausdrachen. Es ist, wie leicht zu sehen, nicht eben ein Stück zugunsten der Gleichberechtigung von Mann und Frau, aber wenn die Komödie nicht als moralisierendes Sittenstück, sondern als vieldeutiger Spaß genommen wird, tut sie auch heute noch ihre Wirkung, wie nicht zuletzt das nach ihr geschriebene Musical «Kiss me, Kate» beweist.

«Othello»

Ein ganz anderes Paar stellte Shakespeare in seiner Tragödie «Othello, der Mohr von Venedig» vor. Othello ist ein verdienstvoller General der Republik Venedig, aber auch ein «Mohr», von schwarzer Hautfarbe also. Seine Frau Desdemona, aus einer hochgestellten Familie Venedigs stammend, liebt ihn ebenso wie er sie. Beide werden sie das Opfer einer Intrige des Fähnrichs Jago, der sich von Othello in seiner militärischen Laufbahn zurückgesetzt fühlt. Es gelingt Jago (eine Lieblingsrolle vieler großer Schauspieler), Othellos Eifersucht gegen den Leutnant Cassio zu wecken. Er spielt dem Cassio ein Tüchlein zu, das Othello seiner Frau einst geschenkt hat. Othello nimmt es als Beweis der Untreue und bringt Desdemona um. Als Othello seinen Irrtum erkennen muß, begeht er Selbstmord. Der tückische Jago wird seiner Strafe zugeführt. «Eifersüchtiger als Othello» sagt man manchmal, aber es ist nicht einfach blinde Eifersucht, die Othellos Handeln bestimmt. Er ist durch Tapferkeit und Klugheit in Venedigs Oberschicht aufgestiegen, aber obgleich er ihr gute Dienste leistet, haftet ihm, wie dem Juden Shylock, ein Makel an. Alle Ehren, die ihm zuteil werden, geben dem «Mohren» Othello nicht das Gefühl, wirklich gleichwertig zu sein. So bleibt er anfällig für eine Tragödie, die von nichts mehr als von einem Schurken und einem Taschentuch ausgelöst wird.

«Macbeth»

Der Feldherr Macbeth wiederum läßt sich von seiner Frau dazu verführen, den König zu töten und sich an dessen Stelle zu setzen. Doch böse Träume suchen ihn heim. Eine Prophezeiung lautet, daß er nur besiegt werde, wenn der Wald von Birnam seine Burg erstürme. Die absurde Vorstellung, daß ein Wald gegen den König anrücken könne, trifft dennoch ein. Der Widersacher des unrechten Königs, Malcolm, befiehlt seinen Soldaten, sich mit Zweigen zu tarnen, und so bewegt sich der Wald von Birnam auf Macbeth zu. Macbeth unterliegt, sein Kopf wird auf eine Lanze gesteckt, und Malcolm besteigt als neuer König den Thron. Lady Macbeth hatte unter der Blutschuld schon zuvor den Verstand verloren und sich umgebracht.

«Hamlet»

In Shakespeares Stücken geht es blutig und zart, grob und hintergründig zu. «Hamlet, Prinz von Dänemark» gehört zu Shakespeares vieldeutigsten Stücken. Sein Effekt beruht darauf, daß der Held, Hamlet, über fünf Akte eigentlich untätig bleibt, um am Schluß ein Gemetzel zu veranstalten. Aber nicht dieser Vorgang selbst hat «Hamlet» einen besonderen Rang unter den Stücken Shakespeares gegeben. Hamlets Auftrag ist gleich zu Beginn des Stückes klar. Er soll seinen Vater, den König von Dänemark, rächen, der von dessen Bruder im Verein mit Hamlets Mutter der Krone wegen getötet worden ist. Der neue König Claudius will Hamlet beseitigen lassen, was mißlingt. Nach dem Gesetz feudaler Machtkämpfe müßte Hamlet, nachdem ihm zu Anfang des Stücks der Geist seines Vaters erschienen ist und er so von der Bluttat erfahren hat, handeln. Shakespeare aber läßt ihn zögern, nach den alten blutigen Regeln zu verfahren. Es ist Shakespeares eigene Skepsis gegenüber einer Herrschaft, die sich auf Bluttaten gründet. Erst am Schluß des Stückes, als Hamlet erkennt, daß der König ihn töten lassen will, schlägt er zurück, indem er den Mörder seines Vaters ersticht. Aber Hamlet ist selbst schon tödlich verwundet. Der Norwegerkönig Fortinbras, der die von Dänemark geraubten Ländereien zurückerobern will, ordnet Hamlets ehrenvolle Bestattung an.

«Hamlet», geschrieben um 1602, ist in besonderer Weise aufschlußreich über Shakespeares Denken. Um die Wahrheit über den Tod seines Vaters herauszufinden, bedient sich der Dänenprinz einer wandernden Schauspielertruppe, die vor dem falschen König und der schuldbeladenen Mutter in einem Spiel den Tathergang darstellen soll. Hamlet gibt den Schauspielern Anweisungen, wie sie ihre Kunst ausüben sollen; sie sind als Shakespeares Vermächtnis an alle Theaterleute in die Geschichte eingegangen. Darin heißt es:

Edmund Kean (1787–1833) als Othello am Drury Lane Theater.
Er gehörte zu den gefeierten Shakespeare-Darstellern seiner Zeit

Paul Robeson (1898–1976), amerikanischer Sänger und Schauspieler, in seiner Glanzrolle als Othello im Shakespeare-Theater in Stratford-on-Avon, 1959

«Ein Sommernachtstraum», Inszenierung von Peter Brook mit der Royal Shakespeare Company, London, 1970

«Seid auch nicht allzu zahm, sondern laßt Euer eigenes Urteil Meister sein: paßt die Gebärde dem Wort, das Wort der Gebärde an; wobei Ihr sonderlich darauf achten müßt, niemals die Bescheidenheit der Natur zu überschreiten. Denn alles, was so übertrieben wird, ist dem Vorhaben des Schauspielers entgegen, dessen Zweck sowohl anfangs als jetzt war und ist, der Natur gleichsam den Spiegel vorzuhalten: der Tugend ihre eignen Züge, der Schmach ihr eignes Bild, und dem Jahrhundert und Körper der Zeit den Abdruck seiner Gestalt zu zeigen.»

Shakespeare kannte das Theater von Grund auf. Er war Schauspieler und Regisseur, Stückeschreiber und sogar Mitbesitzer des berühmten Globe-Theaters. Seine Anweisungen an die Schauspieler sind das wichtigste Zeugnis seiner künstlerischen Auffassung vom Wesen und Sinn des Theaters. Um 1611 verließ er das Londoner Bühnenleben und kehrte, inzwischen wohlhabend geworden, in seinen Geburtsort Stratford zurück. Hier starb er am 23. April 1616. Er hinterließ 36 Dramen, die seine Schauspielerkollegen Heminge und Condell 1623 erstmals gesammelt veröffentlichten.

Fünfzig Jahre nur währte die Blütezeit des englischen Theaters. Sie war reich an Dramatikern. Mehr als eintausend Stücke hat sie hervorgebracht. Von den Zeitgenossen und Nachfahren Shakespeares sind vor allen der gelehrte Ben Jonson (1573 – 1637) sowie die Schriftstellerfreunde Francis Beaumont (1584–1616) und John Fletcher (1579–1625) zu nennen. Jonson erlangte durch seine Stücke hohe Ehren, so war er Leiter der höfischen Festspiele, aber nur seine Komödie «Volpone» hat die Zeiten überdauert. Beaumont und Fletcher schrieben eine Reihe Stücke gemeinsam und fanden den Beifall des Publikums, doch von bleibendem Wert waren sie nicht. Einzig der Stern Shakespeare hat durch die Jahrhunderte nichts von seiner Leuchtkraft verloren.

Ben Jonson
Francis Beaumont
John Fletcher

Theaterverbot

Die Blütezeit fand ein gewaltsames Ende. Im September 1642 ließ das Parlament alle Theater schließen. Im Parlament saß das reichgewordene Bürgertum, das sich mit der Krone im Kampf befand. Oliver Cromwell führte die Revolution, die 1649 dem Nachfolger Königin Elisabeths den Kopf kostete. Zwar verständigte sich das Bürgertum später wieder mit der Monarchie dahin, daß dem Königtum eine eng begrenzte Rolle im Staatswesen zugebilligt wurde, aber die wirkliche Gewalt war an die neue Klasse übergegangen.

Puritanismus

Warum aber mußte die fröhliche Kunst des Theaters darüber zugrunde gerichtet werden? Die Frage ist nicht leicht zu beantworten. Zweifellos spielte der Puritanismus (von lateinisch puritas = Reinheit) dabei eine Rolle, jene Richtung des protestantischen Christentums, die um die Reinheit des Glaubens kämpfte und das Theater als weltliche, verderbte Einrichtung ablehnte. Den neuen Herren, dem Bürgertum, mißfiel aber auch, daß das Theater so eindrucksvoll die Geschichte von Feudalgeschlechtern dargestellt hatte und sowohl bei den kleinen Leuten wie bei Hofe beliebt war.

Aber man kann auch nicht sagen, daß eine klassische Theaterzeit einfach durch ein politisches Verbot sein Ende gefunden hat. Der tiefliegende Grund ist, daß die Bedingungen, auf denen das elisabethanische Theater erblüht war, nicht mehr trugen. Große Epochen haben ihren Beginn und ihr Ende, und die Gesetze, die deren Wechsel bestimmen, wirken in weiter Verflechtung des menschlichen Zusammenlebens.

Shakespeare ist einer jener Dichter, von denen man etwas darüber erfahren kann.

Theater in den Höfen – Theater am Hofe

Das «goldene» Zeitalter des spanischen Theaters

Wandernde Schauspielertruppen

Annähernd hundert Jahre währte die Glanzzeit des klassischen spanischen Theaters. Sie begann in der Mitte des 16. Jahrhunderts, als sich die wandernden Schauspielertruppen zunehmender Beliebtheit erfreuten. Ihre Verschiedenartigkeit schilderte Augustin de Rojas 1602 in seinem Buch «Unterhaltende Reise»: «Bululu ist ein einzelreisender Schauspieler, der den Pfarrer beredet, seine Komödie hersagen zu dürfen. Auch der Barbier und der Sakristan finden sich dazu, er steigt auf einen Kasten und rezitiert, indem er die Auftritte der Personen erzählend hinzufügt. Der Pfarrer sammelt in seinem Hute einige Kupfermünzen, der Komödiant erhält noch eine Suppe und ein Stück Brot und zieht weiter.» Das war die einfachste Form von Theaterspielen im Spanien dieser Zeit. Zwischen diesem Einmann-Theater und der hochentwickelten Schauspielertruppe gab es viele Stufen. «Naque sind zwei Männer, die ein Schauspiel eher aufsagen als spielen, Gan-

Figurinen, 1572

Compania

garilla ist bereits eine Truppe von 3 oder 4 Männern, bei Cambaleo kommt eine Frau hinzu, welche singt und im übrigen auch an die beteiligten Männer das Essen verteilt.» So erweitern sich die Zusammensetzung, der Spielplan und die Ausstattung bis zur «Compania». «Das ist die große Gesellschaft, wohlerzogene und gebildete Männer, auch sehr anständige Frauenzimmer. (Denn wo sich alle Klassen von Menschen treffen, kann das nicht fehlen.) Fünfzig Komödien, dreihundert Arroben (zu etwa 25 Pfund) Gepäck, reisen nur zu Maultier, zu Pferde, zu Wagen, in Sänften, niemand will sich mehr mit den Karren begnügen. Sechzehn Personen, welche spielen, dreißig, welche essen, und Gott weiß wie viele, die stehlen.»

Lope de Rueda

Eine solche Compania führte Lope de Rueda, Schauspieler, Dichter, Theaterdirektor in einer Person und Begründer der spanischen Bühnenkunst. Zwanzig Jahre zog seine Gesellschaft von Stadt zu Stadt, bejubelt vom Publikum auf den Märkten, geschätzt durch Gastspiele am Hofe Philipps II.

Rueda hat die Errichtung der ersten fest stehenden Freilichttheater nicht erlebt. Sie entstanden 1565 in Madrid und wurden von religiösen Bruderschaften verwaltet, die mit den Einnahmen ihren Geldbeutel für wohltätige Zwecke und zum Unterhalt ihrer Krankenhäuser auffüllten. Die Bruderschaft besorgte die Spielerlaubnis, vermietete das Theater an Schauspielertruppen oder teilte mit ihnen den Erlös der Vorstellungen. Das bot auch den Schauspielern einen doppelten Vorteil: einmal verbesserte sich ihre soziale Lage, und zum anderen schützte sie diese Verbindung vor Verboten und Anfeindungen durch die Kirche.

Corralbühne

Man nannte dieses Theater «Corralbühne» nach dem Spielort, dem «Corral», einem gepflasterten Hof, der von drei oder vier Häusern umgeben war und dessen Architektur einen natürlichen, begrenzten Theaterraum bildete. An der hinteren Schmalseite stand das Spielgerüst. Es unterschied sich nur wenig von den Wanderbühnen, ermöglichte aber die für das spanische Theater inzwischen unerläßliche Dreiteilung der Schauplätze in Himmel – Erde – Hölle. Diese Spielebenen entsprachen dem Weltbild der Zeit, das die Erde zwischen Himmel und Hölle einspannte. Die technischen Mittel waren

Corraltheater
im 17. Jahrhundert

denkbar einfach. Wenn himmlische Gestalten erschienen, so rutschten sie auf einem Balken zur Bühne herab und schwebten an Seilen, die am Gürtel der Darsteller festgehakt waren, über den Boden. Eine Klappe im Bühnenboden diente als Versenkung, durch die der Teufel auf einer Leiter hinunterstieg. Ein Vorhang trennte die Vorderbühne von der Garderobe, hinter ihm erzeugte man auch die für die Handlung notwendigen Geräusche. Ein mit Steinen gefüllter Sack, mit Gepolter fallen gelassen, sorgte für Gewitterdonner oder Kanonenlärm. Die Bühnenausstattung war äußerst sparsam. Es blieb dem Dichter überlassen, die Schauplätze so zu beschreiben, daß der Zuschauer sie sich in seiner Phantasie «ausmalen» konnte. Das Publikum, das nachmittags zu den Vorstellungen strömte – sie fanden bei Tageslicht statt und mußten laut Verordnung eine Stunde vor Einbruch der Dunkelheit beendet sein –, nahm auf einigen wenigen Bänken vor dem Bühnenpodest oder auf Holztreppen an den übrigen drei Häuserwänden Platz. Die vergitterten Fenster der Häuser dienten als Logen, im Volksmund Schmor- oder Bratpfanne genannt, für maskierte Damen. Zwischen den Bänken und der Galerie befand sich das Stehparterre, der größte Raum und Mittelpunkt des Theaters. Die Zuschauer des Stehparterre, größtenteils Handwerker, entschieden über den Erfolg der Vorstellung. Sie hießen «mosqueteros», im übertragenen Sinne abgeleitet von den Musketieren, vermutlich wegen ihres lautstarken und auftrumpfenden Benehmens. Wenn das Spiel gefiel, riefen die mosqueteros: Mira, mira! (Seht, seht!) und Victor, victor! (Bravo, bravo!); ihr Mißfallen drückten sie mit einem ohrenbetäubenden Lärm auf Schlüsseln, Pfeifen und mit Klappern aus, nicht selten bewarfen sie die Schauspieler mit Obst, Orangenschalen und Gurken, so daß die Aufführung abgebrochen werden mußte. Aber auch die Theaterleute untereinander gebrauchten solche Mittel, um unliebsame Kollegen der Lächerlichkeit preiszugeben.

Die Vorstellungen wurden mit einem Vorspiel eröffnet. Es pries dem Publikum das Stück an.

Auf den ersten und zweiten Akt folgten Zwischenspiele (entrèmeses) des-

Mosqueteros – Zuschauer des Stehparterre

Horst Sagert: Entwurf für «König Bamba» von Lope de Vega. Der Bühnenbildner verwendet die Leiter, die im spanischen Corraltheater das Bindeglied zwischen Unterbühne (Hölle), Hauptbühne (Erde) und Oberbühne (Himmel) war

selben oder eines anderen Autors, die mit einer deftigen Schlägerei endeten, um die Zuschauer bei Stimmung zu halten. Der 3. Akt schloß mit der Bitte des Dichters, die Mängel des Stückes mit Nachsicht zu beurteilen. Mit Tanz und Gesang verabschiedeten sich die Schauspieler. Die Anteilnahme der Zuschauer kann man mit der von Fans auf heutigen Fußballplätzen vergleichen. Das Publikum kannte die Stücke mehrerer Spielzeiten auswendig und verglich die auf der Bühne gesprochenen Verse mit der Schönheit und Originalität der Sprache anderer Comedias.

Die Autoren nutzten alle Stoffe aus, die sich für die Bühne verarbeiten ließen, jedes erwähnenswerte Ereignis aus der spanischen Geschichte wurde auf der Bühne lebendig.

Eine bewegte Geschichte

Im 8. Jahrhundert hatten die Araber die Iberische Halbinsel bis auf wenige Gebiete unterworfen. Die Rückeroberung (Rekonquista) dauerte viele Jahrhunderte. Die spanische Krone mußte sich in diesem Kampf mit den Bauern und dem Bürgertum in den Städten verbinden. So herrschten in Spanien im Mittelalter, verglichen mit anderen europäischen Nationen, verhältnismäßig demokratische Verhältnisse. Am Ausgang des 15. Jahrhunderts wurden die beiden spanischen Reiche Ferdinands von Kastilien und Isabellas von Aragonien vereinigt. Dadurch entstand ein einheitlicher spanischer Staat. Nach der Niederlage bei Granada 1492 verloren die Araber ihren letzten Stützpunkt auf spanischem Boden. Im selben Jahr entdeckte Kolumbus Amerika und errichtete auf Haïti die erste spanische Kolonie. Nach Spanien ergoß sich ein Goldstrom. Doch das Gold, das die spanischen Eroberer nach Hause schickten, kam nicht der Entwicklung der Wirtschaft zugute, sondern ausländischen Handelsfirmen, die den Hof belieferten. Die einheimischen Manufakturen verfielen. Unter der Herrschaft Karls I. stieg Spanien zur Weltmacht auf, aber diese Eroberungspolitik, die Philipp III. fortsetzte, führte das Land an den finanziellen und wirtschaftlichen Ruin. So täuschte die Größe des Weltreiches über den allmählichen inneren Niedergang hinweg. Die Städte erlangten nicht die Bedeutung wie in anderen europäischen Ländern als Zentrum des Handels, der Bildung, des Fortschritts, und der ganze unnütze Adel verkam in seinen Vorrechten und in den Illusionen, die er von sich hatte. Im Volke aber war das Bewußtsein einer heldenhaften Geschichte lebendig, ein Gefühl des Stolzes über die erkämpfte Befreiung des Landes und ein Freiheitsdrang, der tiefe Spuren in die spanische Kultur prägte. Auf diesen Grundlagen konnte sich für ein Jahrhundert ein wirkliches Volkstheater entwickeln. Es erreichte seinen ersten Höhepunkt mit dem größten spanischen Dichter Cervantes (1547–1616). Cervantes nahm 1571 als Soldat an der Seeschlacht bei Lepanto teil, in der die Spanier die Türken vernichtend schlugen. Vier Jahre mußte er auf eine Beförderung warten. Endlich erhielt er ein Empfehlungsschreiben, ausgestellt vom Halbbruder des Königs, für eine Anstellung in Madrid. Aber das Schiff, mit dem Cervantes nach Spanien reiste, wurde von den Türken gekapert. Die Piraten verschleppten ihn als Sklaven nach Algier. Erst nach fünf Jahren gelang es, Cervantes loszukaufen. Über das erbärmliche Los der Sklaven in türkischer Gefangenschaft schrieb er später mehrere Stücke «Die Kerker von Algier», «Der Handel von Algier», «Der tapfere Spanier». 1587 versuchte er als Steuereintreiber für die Armada, die spanische Kriegsflotte, seinen Lebensunterhalt zu verdienen. Von der Armut der Bauern erschüttert, nahm er kurzerhand das aufzubringende Geld aus dem Zehnten der

Cervantes – der Dichter des «Don Quijote»

Kirchensteuer. Die Kirche setzte dafür seinen Namen auf die Liste der Inquisition, des Gerichts der Kirche. Auch als Steuerbeamter in Sevilla hatte Cervantes kein Glück, der Vorwurf der Veruntreuung brachte ihn in Untersuchungshaft, wo er vermutlich den ersten Teil des «Don Quijote» niederschrieb. 1605 erschien das Buch. Es machte seinen Autor berühmt, zugleich aber war er unschuldig in einen Mordprozeß verwickelt. Die letzten Jahre seines Lebens unterstützten ihn einflußreiche Gönner.

Von seinen dramatischen Werken behaupten sich bis heute vor allem seine Zwischenspiele – «Die Höhle von Salamanca», «Der Ehescheidungsrichter», «Das Wundertheater». Sie enthalten treffende Beobachtungen aus dem Leben des Volkes und Momentaufnahmen aus dem Alltag jener Zeit.

Im Vorwort zur Sammlung seiner Zwischenspiele schrieb Cervantes: «Ich legte Feder und Comedias beiseite, und die Szene betrat das Monstrum der Natur, der große Lope de Vega, und machte sich zum Gebieter in der Monarchie des Komischen. Er unterjochte und stellte unter seinen Schiedsspruch alle Possenreißer; er bereicherte die Welt mit eigenen geglückten und wohl ersonnenen Comedias, und es waren so viele, daß es mehr denn zehntausend Bogen wurden, die er beschrieb. Alle – und das ist das Höchste, das über sie gesagt werden kann – hat er aufgeführt gesehen, oder es ward ihm berichtet, daß man sie aufgeführt habe.»

Lope de Vega (1562 – 1635) verfaßte 1 500 Stücke, von denen 770 dem Titel nach und 450 im Text überliefert sind. Er erwies sich als Meister in allen drei dramatischen Gattungen, die den Spielplan des spanischen Theaters prägten.

Fronleichnamspiele (autos sacramentales) nannte man Aufführungen, die aus den Umzügen (Prozessionen) während des Fronleichnamfestes der katholischen Kirche hervorgingen. An die unter freiem Himmel aufgeschlagene Bühne wurden die Schauwagen der Prozession herangefahren und zum Teil für das Spiel mitbenutzt. In die Vorführung eingestreute Zwischenspiele und Unterhaltungen befriedigten die Schaulust des Publikums.

Comedias de teatro hießen Stücke, in denen sich phantastische, geistliche und weltliche Geschichten mischten. Mantel-und-Degen-Stücke (Comedias de capa y espada) hingegen behandelten Themen der Liebe, Ehre und Rache unter den damaligen Zeitgenossen. Der Mann von Stand trug einen Degen und einen weiten mantelähnlichen Umhang, mit dem er manchmal das Gesicht verhüllte, um unerkannt durch die Straßen zur Geliebten zu eilen. Obwohl auch bei Lope de Vega Liebesabenteuer, Verwechslungen und Intrigen unter Adligen den Handlungsfaden dieser Stücke knüpfen, gelangt der Liebhaber oftmals nur durch den Witz und das entschlußfreudige Handeln seines Dieners an das Ziel seiner Wünsche. Die Figur des Dieners, des Gracioso, ist oft die wichtigste im Stück, die die Zuschauer mehr belustigt als die anderen, durch Einfälle, List und bäuerliche Derbheit. Er ist immer beschäftigt, für Essen, Trinken und Geld zu sorgen, während sein Herr an seine Ehre und die Damen denkt. Sein praktischer Verstand erleichtert seinem Herrn ein nutzloses Leben. Er spricht aus, was die Zuschauer des Stehparterre dachten. Lope schuf den Gracioso als feststehende Figur für das spanische Theater. Aber seine Volksfiguren handeln auf der Bühne nicht nur als komische Personen. Seine Bauernkomödien sind in der europäischen dramatischen Literatur eine einmalige Erscheinung. «Fuente Ovejuna» (Die Schafsquelle) ist der Name eines Dorfes, das von einem Großkomtur im

Lope de Vega

Mantel-
und-Degen-Stücke

Der Diener Gracioso

«Die Schafsquelle»

Auftrag seines Ordens beherrscht wird. An ihrem Hochzeitstag entführt er die Tochter des Richters und übergibt den Bräutigam der Folter. Die empörten Bauern stürmen das Schloß und erschlagen ihren Peiniger. Der vom König eingesetzte Untersuchungsrichter erhält nur die eine Antwort: «Das ganze Dorf hat es getan!» Die Bauern wenden sich an den König. Er verzeiht ihnen und stellt das Dorf unter königliche Obhut. Lope de Vega zeigt das einmütige und selbstsichere Auftreten der Bauern vor dem geschichtlichen Hintergrund der nationalen Einigung Spaniens. Die Bauern trugen die Hauptlast im Befreiungskampf gegen die Araber, und sie unterstützten den König, die Zentralgewalt gegen die in den Provinzen selbstherrliche Herrschaft der Aristokratie durchzusetzen. Hieraus erklärt sich das milde Urteil des Königs über die aufsässigen Bauern von Fuente Ovejuna. Lope vertrat das Recht der Bauern, ihre Ehre gegen adlige Willkür zu verteidigen. Damit gab er auch dem Publikum aus dem «niederen Stande» Selbstvertrauen auf die eigene menschliche Würde. Es dankte ihm mit großer Verehrung.

Die Kirche begegnete dem Dichter zeit seines Lebens mit Mißtrauen. Eindeutig auf ihn zielte die Bemerkung eines Jesuitenpaters: «Mehr als tausend Comedias schrieb einer von ihnen und veröffentlichte davon zwanzig Bände, womit er mehr Sünden in die Welt brachte als tausend Teufel.» Bereits wegen weit geringerer Anschuldigungen ließ die Inquisition Menschen auf dem Scheiterhaufen verbrennen. Hinter Lopes 1614 gefaßtem

Bühnenbildentwürfe zu einem Singspiel Calderóns für eine Aufführung im Palast Buen Retiro, 1652. Von Italien übernommen, zeigen die Zeichnungen bewegliche Kulissen, die schnelle Verwandlungen ermöglichen. Verschiebbare bemalte Seitenwände werden in Wagen eingesetzt, die auf der Unterbühne laufen. Schienen im Bühnenboden erleichtern das seitliche Ein- und Ausfahren der Kulissen, die parallel zur Rampe stehen. Die Gassen dazwischen dienen als Auftritte für die Darsteller. Den Hintergrund bildet ein bemalter Prospekt, nach oben schließen Soffitten die Bühne ab. Die perspektivische Malerei erweckt die Illusion von großen Räumen. 250 Jahre lang, bis zum Ende des 19. Jahrhunderts, waren Kulissen die gebräuchliche Ausstattung des europäischen Theaters

Tirso de Molina –
Mönch und Theater-
dichter

«Don Juan»

Entschluß, Priester zu werden, stand die Hoffnung, innerhalb der Kirche weniger der Gefahr einer Verfolgung ausgesetzt zu sein.

Von allen zeitgenössischen Dichtern stand Tirso de Molina (geb. wahrscheinlich 1584; gest. 1648) Lope de Vega am nächsten. Er wählte den Beruf des Geistlichen. 1600 trat er als Mönch in ein Kloster ein, nutzte die Unantastbarkeit eigener Lebensführung zu satirischen Angriffen auf den Hof, den Adel, sogar auf die Kirche. Seine meisterhafte Sprache und geistreichen Wortspiele erhöhten die Treffsicherheit seiner Schilderungen. Innerhalb von 25 Jahren verfaßte er drei- bis vierhundert Stücke, von denen 85 erhalten geblieben sind, darunter «Don Gil von den grünen Hosen» und «Die fromme Marta». Die Heldinnen beider Komödien sind junge Frauen, die zur List greifen, um den Geliebten zu gewinnen. Donna Juanna reist in Männerkleidern dem Geliebten nach, um dessen vom Vater bestimmte Heirat zu verhindern; Marta wählt die Maske der Frömmigkeit, um ihre Umgebung über ihr Verhältnis zu Felipe zu täuschen. Tirso de Molina brachte, auf zwei alte spanische Sagen zurückgreifend, zum erstenmal die Gestalt des Don Juan auf die Bühne. Seither haben viele Dichter nach diesem Stoff gegriffen, so unter anderen Molière, Puschkin, Shaw, und Mozart diente er als Vorlage für seine Oper «Don Giovanni». Molinas Stück «Der Verführer von Sevilla oder Der steinerne Gast» zeigt die sich in den zwanziger und dreißiger Jahren des 17. Jahrhunderts anbahnende

Der Höllenrachen –
Festwagen aus dem Götteraufzug am 7. Februar 1695 in Dresden.
Wie bei den zahllosen Hoffesten ist der ungeheure

theatralische Aufwand des höfischen Theaters mit Zug- und Flugmaschinen, Pferdeballetten, Wasserspielen, Naturgewalten, Göttern und dem ganzen

Universum Ausdruck des Absolutismus und der Gegenreformation. In «Das Leben ein Traum» läßt Calderón zu einem Bettler sagen: «Wenn dereinst der

Vorhang fällt, seid ihr beide gleichgestellt.»
Im «totalen Welttheater» gibt es soziale Gerechtigkeit nur im Jenseits

Wandlung der Bühnentechnik. Dieses Stück ist auf der dekorationsarmen Corralbühne schwer spielbar. Don Juan fordert das Standbild des Komturs, den er ermordete, heraus. Er lädt den steinernen Komtur in seine Wohnung zum Essen ein. Der Gast erscheint. Um seiner Ehre willen sieht sich Don Juan gezwungen, die Gegeneinladung des Komturs anzunehmen. Während des Nachtmahls in der Kapelle verlangt der Komtur, daß Don Juan ihm die Hand reiche. Don Juan sinkt mit dem Standbild in die Tiefe. Die barocke Verwandlungsbühne, wie sie das höfische europäische Theater kannte, hatte auch Spanien erreicht. Neben den Volkstheatern entstanden in den königlichen Sommerresidenzen und in den Adelspalästen Theater, die italienische Bühnenarchitekten errichteten. Sie brachten eine komplizierte Bühnenmaschinerie und die Technik der Tiefenperspektive mit nach Spanien. Cosimo Lotti baute im Sommerschloß Philipps IV. Buen Retiro einen Theatersaal, dessen Rückwand sich öffnen ließ und den Blick in den Garten freigab. Diese natürliche Kulisse wurde oftmals in das Bühnenbild mit einbezogen. Von diesen Neuerungen machte vor allem Pedro Calderón de la Barca (1600–1681) Gebrauch. Von Lope de Vega entdeckt, erhielt er 1622 einen Preis in einem Dichterwettbewerb. 1628 berief ihn Philipp IV. zum Hofdichter und übertrug ihm 1635 die Leitung des Hoftheaters Buen Retiro. Zugleich aber war auch sein Leben eng mit der Kirche verbunden. 1651 erhielt Calderón die Priesterweihe und 1665 die Ernennung zum Hofkaplan. Diese Position erlaubte ihm, frei von Geldsorgen seine literarischen Pläne zu verwirklichen. Er starb 1681 als gefeierter Dichter und hinterließ einhundertzwanzig Komödien, achtzig Fronleichnamspiele und mehr als zwanzig Zwischenspiele und kleine Stücke. Obwohl Calderón als Hofdichter verpflichtet war, Auftragswerke zu verfassen und für das Vergnügen des Hofes zu sorgen, blieb er dem spanischen Volkstheater treu. Sein am häufigsten gespieltes Stück «Dame Kobold» gilt bis heute als das Muster einer Mantel-und-Degen-Komödie. Die Idee des drehbaren Schrankes, der eine Geheimtür verdeckt, übernahm er von Tirso de Molina. Angela, eine von ihren Brüdern streng bewachte junge Witwe, und ihre Zofe Isabel gelangen auf diese Weise in das Zimmer Don Manuels. Während Angela ein Briefchen für Don Manuel versteckt, durchwühlt Isabel das Gepäck. Entsetzen ergreift Cosme, den Diener Don Manuels, denn da nur er den Schlüssel zum Zimmer besitzt, kann die Unordnung nur das Werk eines Kobolds sein.

In unmittelbarer Fortsetzung der Bauernstücke Lope de Vegas schrieb Calderón das Drama «Der Richter von Zalamea», dessen inhaltliche Bezüge zu «Fuente Ovejuna» nicht zu übersehen sind. Hier wie dort greifen die Bauern zur Selbstjustiz. Indem sie einen adligen Offizier hinrichten, weil er ein Mädchen des Dorfes schändete, verteidigen sie ihre Ehre gegen die angemaßten Vorrechte der feudalen Klasse. Wie bei Lope billigt der König nachträglich das Urteil des Volkes. Eine unbeugsame Haltung und Mut zur persönlichen Entscheidung waren für Calderón Werte, die die spanische freiheitliche Lebensauffassung über den gesellschaftlichen Verfall retten sollten. Eine solche Kraft war für ihn auch der christliche Glaube. Der Katholizismus gewann in seinem Werk zunehmend die Übermacht. «Das Leben ein Traum», «Der wundertätige Magnus» und vor allem das geistliche Festspiel «Das große Welttheater» sind Stücke, die diese Weltsicht Calderóns wiedergeben, die aber auch den Handlungsreichtum des spanischen Volkstheaters mit der üppigen Maschinerie der Barockbühne verbinden.

Das Hoftheater Buen Retiro

Calderón de la Barca

«Dame Kobold»

«Der Richter von Zalamea»

«Das Leben ein Traum»

Narrengesellschaften und Berufsschauspieler

Das klassische französische Theater

Pierre Pathelin

Narrenspiele und Farcen, die in der Mitte des 15. Jahrhunderts entstanden, zählen zu den frühen Zeugnissen des französischen Volkstheaters. In kräftigen Farben schilderten sie Szenen aus dem Leben der kleinen Leute, des dritten Standes, und nahmen mit beißendem Spott die weltlichen und kirchlichen Mächte aufs Korn. Mehr als hundertfünfzig dieser Farcen sind überliefert, darunter das bis heute lebendig gebliebene Meisterwerk eines unbekannten Autors «Meister Pathelin» (1465). Pierre Pathelin verspricht seiner Frau ein neues Kleid, ohne daß er für den Stoff zu zahlen brauche. Der redegewandte Notar versteht es in der Tat, dem Tuchhändler Guillaume so zu schmeicheln, daß er sich auf eine spätere Bezahlung des Stoffes vertrösten

Französische und
italienische Komödianten

läßt. Guillaume glaubt sogar an ein für ihn vorteilhaftes Geschäft. Als er aber in die Wohnung Pathelins kommt, findet er seinen Kunden angeblich schwer erkrankt vor. Außer sich und unter Gestöhn und fürchterlichen Grimassen weist Pathelin die Forderung des Händlers weit von sich. Guillaume muß annehmen, der Teufel selbst habe ihm den Stoff abgeluchst.

Erste Berufsschauspielertruppen

Aus den Spielgemeinschaften, den «Narrengesellschaften», gingen im frühen 16. Jahrhundert die ersten Berufsschauspielertruppen hervor. Neben dem Jahrmarktstheater bestand auch noch zu dieser Zeit das Misterienspiel der Kirche. Doch allmählich verkehrte sich die erbauliche Wirkung dieser theatralischen Veranstaltungen ins Gegenteil: Sie festigten nicht den christlichen Glauben, sondern ernteten Spott, besonders von den Protestanten, die in ihrer Reform äußeren Pomp, den der mittelalterliche Katholizismus zur Schau stellte, ablehnten. Selbst die Darsteller nahmen diese Aufführungen nicht mehr sehr ernst. 1541 kam es zu einem Skandal, als die Schauspieler zur Erheiterung der Zuschauer ihre Texte durch Verdrehungen und falsche Betonungen lächerlich machten. Die Kirche konnte nicht länger die Ansicht vertreten, daß diese geistlichen Spiele «gottgefällig» sind. Sie verbot 1548 durch einen Gerichtsbeschluß ihren Ordensbrüdern in Paris diese Vorstellungen.

Hôtel de Bourgogne

Die Passionsbrüder, die im selben Jahr im Hôtel de Bourgogne in Paris ein Theater eröffneten, vermieteten diesen Saal an wandernde Schauspielertruppen. Er stand auch der Gesellschaft Valleran le Comte zur Verfügung, die hier 1607 ihr ständiges Quartier bezog und vom König den Titel «Französische Hofschauspieler des Königs» verliehen bekam. Ihr gehörte

Alexandre Hardy

Alexandre Hardy (um 1570 bis 1632) an, der das Schreiben von Stücken als erster französischer Dichter berufsmäßig betrieb. Er hatte der Gesellschaft fortwährend neue Texte zu liefern und erntete dafür nur geringen Ruhm: Sein Name erschien nicht einmal auf den Ankündigungen der Aufführungen.

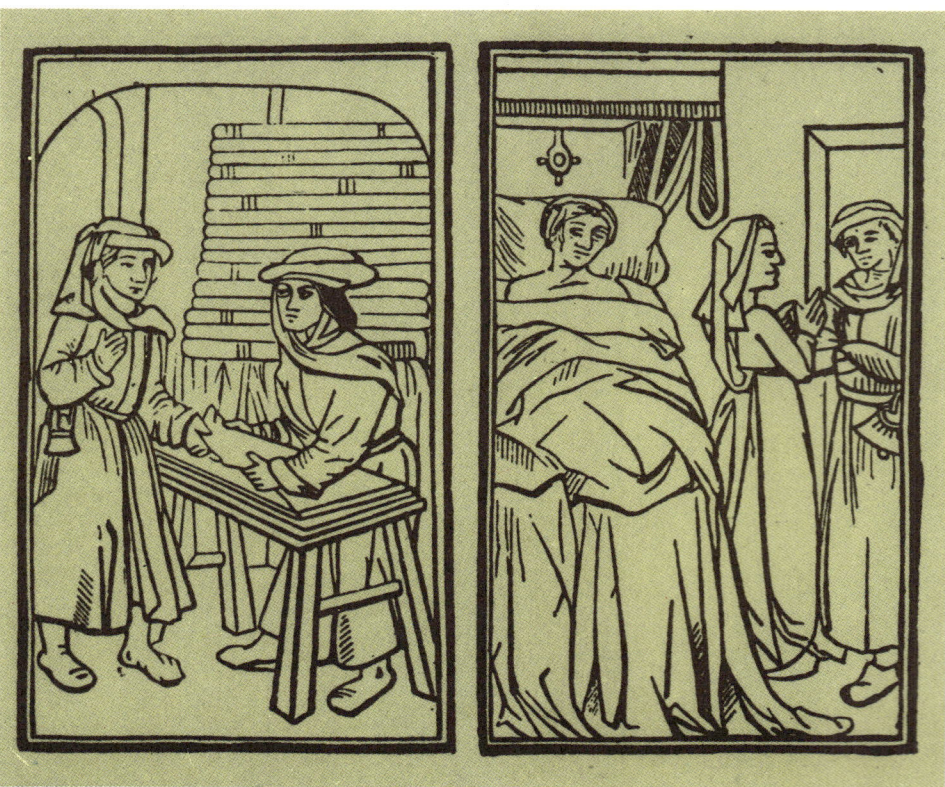

Darstellung aus dem
15. Jahrhundert.

Meister Pathelin beim
Kaufmann, Meister Pathelin
stellt sich krank

Schäferspiele und Tragikomödien bestimmten den Spielplan. Die Schauspieler sagten den Text ihrer Rolle auf, hatte einer seine Sätze dem Publikum mitgeteilt, zog er sich zurück, und der nächste trat an die mit Kerzen beleuchtete Rampe.

Théâtre du Marais

1634 ließ sich eine zweite Truppe in einem ehemaligen Ballhaus am Stadtrand, im Théâtre du Marais, nieder. Beide Häuser wetteiferten um die Gunst des Hofes, die das Theater im Hôtel de Bourgogne gewann.

Durch die Festigung der Wirtschaftsbeziehungen zwischen Nord- und Südfrankreich entwickelten sich verstärkt kapitalistische Produktionsverhältnisse. Die großen Handels- und Gewerbestädte wurden reich und wuchsen rasch an, besonders Paris. So traf sich das Bedürfnis der aufstrebenden Bourgeoisie mit dem Interesse des Königtums, eine Monarchie zu errichten, die stark genug war, die verfeindeten Adelsparteien zu bezwingen und die fortwährenden Unruhen und Kriege im Lande zu beenden. Die Bildung einer einheitlichen französischen Nation machte Fortschritte, und die gebildeten

Die Wiederentdeckung der Antike

Schichten suchten dieses Selbstverständnis auch in der Kunst. Sie fanden es in der Kultur der Renaissance und in den Ideen des Humanismus. An die Stelle des Glaubens trat das Denken als Quelle der Erkenntnis. Die von den Humanisten wiederentdeckte griechische antike Kunst, die ihr Ideal in der Nachahmung der Natur sah und in der der vernünftige Wille des Menschen den Sieg davontrug, wurde mit Eifer studiert und für die eigene Kunstauffassung bestimmend. Als Maßstab für die künstlerische Bewältigung der Wirklichkeit galt die strenge Auslegung der von Aristoteles aufgestellten Regel von den drei Einheiten: die Einheit der Handlung – der überschaubare Verlauf einer Geschichte, dem sich alle anderen Begebenheiten unterordneten; die Einheit der Zeit – ein Geschehen mußte zwischen zwei Sonnenaufgängen, also innerhalb von 24 Stunden, ablaufen; die Einheit des Ortes – die Schau-

Die Vorstellung einer
Farce im Hôtel de Bourgogne

in der ersten Hälfte des
17. Jahrhunderts

plätze durften nur dann wechseln, wenn sie in dieser Zeitspanne zu erreichen waren. Die Tragödie bestimmte man zur höchsten dramatischen Kunstform, die in einer gehobenen Sprache, der Sprache der Fürsten, Staatsmänner und Würdenträger, wichtige und ernste Dinge des Menschen und Staatsangelegenheiten behandelte. Die volkstümliche Umgangssprache blieb der Komödie vorbehalten. Sie geriet in der Rangfolge der literarischen Gattungen auf die niedrigste Stufe.

Pierre Corneille

Um die politischen Ziele der Monarchie im Theater durchzusetzen, beauftragte Richelieu, seit 1624 Erster Minister des minderjährigen Königs Ludwig XIII., fünf Dramatiker, Stücke nach Themen, die er bestimmte, gemeinsam zu verfassen. Er berief auch Pierre Corneille (1606 – 1684) in dieses Kollegium. Der Justizbeamte aus Rouen hatte durch sein Erstlingswerk, das er seiner Wandertruppe übergab, Aufmerksamkeit erregt. Zwar befreite diese Wertschätzung die Dichter von dem Zwang, die Theatertruppen fortwährend mit neuen Texten zu versorgen, aber die Bindung an den Hof setzte sie auch einer stärkeren Bevormundung aus. Corneille zog sich deshalb bald wieder von dieser Arbeit zurück, was ihm allerdings Richelieu nie verzieh.

Der vom König geforderte unbedingte Gehorsam fand auf dem Theater seinen Niederschlag in dem häufig gestalteten Konflikt zwischen der Neigung des einzelnen und seiner Pflicht gegenüber dem Staat. In dieser Entscheidungssituation befinden sich viele Helden Corneilles. Sie müssen ihre persönlichen Lebensansprüche mit dem politischen Geschehen in Übereinstimmung bringen. Aber Corneille teilte die bürgerliche Auffassung, daß der Mensch sich durch Leistung und Gesinnung bewährt und nicht einem undurchschaubaren Schicksal ausgeliefert ist.

«Der Cid»

Vor allem drei Werke begründeten seinen Ruhm: «Der Cid» (1636), «Die Horatier» und «Cinna» (1640). Für den «Cid» benutzte Corneille die spanische Vorlage «Die Jugendtaten des Cid», geschrieben von einem Zeitgenossen Lope de Vegas. Der spanische Nationalheld im Befreiungskampf gegen die Araber erhielt von seinen Gegnern den respektvollen Beinamen Cid, auf deutsch «der Führer, der Held».

Don Rodrigue liebt Chimène, die Tochter eines Grafen. Als der Vater Chimènes den Vater ihres Geliebten ohrfeigt, muß der Sohn Rache üben. Rodrigue tötet den Grafen im Duell. Nun ist Chimène durch ihre Familienehre zur Rache verpflichtet. Die Situation der Liebenden ist ausweglos, da es Liebe ohne Ehre, aber auch Ehre ohne Rache nicht geben kann. Der Angriff der Araber bietet Rodrigue die Chance, seine Tapferkeit fürs Vaterland zu beweisen. Er kehrt als Sieger zurück. Der König verzeiht ihm und gestattet ihm, den Beinamen Cid zu führen. Chimène besteht auf ihrer Rache und fordert ein Duell. Sie verspricht, denjenigen zu heiraten, der Rodrigue im Zweikampf besiegt. Rodrigue beabsichtigte, im Zweikampf zu fallen. Als er jedoch erfährt, daß Chimène ihn noch immer liebt, entwaffnet er den Gegner. Das Urteil des Königs: Nach weiteren Heldentaten im Kampf mit den Arabern darf er Chimène heiraten. Das Publikum nahm die Uraufführung im Théâtre du Marais begeistert auf. Der spanische Cid wurde das Idol der französischen gebildeten Jugend. Die Politik Richelieus aber stieß sich an dem im Stück dargestellten Recht, mit dem die beiden verfeindeten adligen Familien ihren Ehrenstreit ohne den König austragen. Unter dem Vorwand, Corneille habe gegen die Regel der drei Einheiten verstoßen, ließ Richelieu von der eben gegründeten Académie Française ein Gutachten anfertigen. In den «Ansichten der Akademie über den Cid» wurde der Regelverstoß bewiesen. Corneille hielt sich künftig streng an die vorgeschriebenen dramaturgischen Gesetze. Aber er fehlte unter den Ehrengästen zur Eröffnung der Bühne im Palais Cardinal Richelieus, die der Minister mit allen Möglichkeiten der barocken Verwandlungsmaschinerie ausstatten ließ. 1647 erhielt Corneille seine Berufung in die Akademie, doch Mißerfolge auf dem Theater bewogen ihn 1659, der Bühne den Rücken zu kehren. Die Konflikte seiner Helden zwischen persönlichen Interessen und Staatsdienst entsprachen nicht mehr den gesellschaftlichen Gegebenheiten. Die Allmacht des Königs stand außer Frage, und die Untertanen hatten sich ihr widerstandslos zu beugen. Verarmt, der königlichen Pension beraubt, verbrachte Corneille die letzten zehn Jahre seines Lebens in Zurückgezogenheit.

Racine

In der Zeit äußerer Machtentfaltung unter Ludwig XIV., der 1661 im Alter von 23 Jahren die Regierungsgeschäfte übernahm, traf Racine (1639–1699) den Geschmack der gebildeten Zuschauerkreise. Innerhalb von zehn Jahren, von der «Andromache» (1667) bis zur «Phädra» (1677) schrieb er, meist nach antiken Vorlagen, seine sprachgewaltigen Tragödien, in denen er Charaktere gestaltete, die, von ihren Leidenschaften getrieben, ihr Schicksal erleiden, das sie unentrinnbar verfolgt. Die jugendlichen Helden verteidigen ihre Liebe gegen eine Welt des Lasters und des Verbrechens, gegen die sie sich aber nicht handelnd auflehnen, sondern über die sie mit wunderbaren, in eine andere Sprache kaum zu übersetzenden Versen klagen.
Racine schrieb Rollen für bestimmte Schauspieler, vor allem Hauptrollen für Schauspielerinnen, die in diesen Aufführungen Triumphe feierten. Oftmals studierte er mit ihnen den Text selbst ein. 1677 entschloß sich Racine, von der Bühne abzutreten. Als Geschichtsschreiber begleitete er Ludwig XIV. auf mehreren Feldzügen. Auf Bitten der Madame de Maintenon verfaßte er noch zwei Dramen nach biblischen Stoffen für ein von ihr gegründetes Mädchenpensionat. Durch eine Denkschrift über das Elend des Volkes, die er kurz vor seinem Tode veröffentlichte, erregte er das Mißfallen des Königs.

Aufführung der Tragödie «Mirame» von Richelieu in seinem Palast, 1641.

1660 überließ der König das Palais Royal der Truppe Molières

Molière – der größte
Komödiendichter
Frankreichs

«Tartuffe
oder Der Betrüger»

«Der Staat bin ich», soll Ludwig XIV. geäußert haben, und es trifft zumindest dem Sinn nach zu. Als Zeichen seiner unumschränkten Herrschaft entfaltete er einen äußeren Glanz, der ihm in der Geschichte den Beinamen «Sonnenkönig» einbrachte. Die Architektur, die Künste und das Theater stellte er in den Dienst der Verherrlichung seiner Macht. Unweit von Paris, in Versailles, ließ er ein prächtiges Schloß erbauen, das bald Mittelpunkt verschwenderischer Hofhaltung und zum Vorbild für europäische Fürsten und Könige wurde. Strahlende Feste befriedigten die Vergnügungssucht des Königs. Die Handwerker, die die festlichen Rahmen und Kulissen schufen, und die mitwirkenden Künstler, Tänzer, Musiker und Sänger zählten oft mehrere tausend.

Die wohl schönsten und prunkvollsten Festspiele fanden vom 7. bis 13. Mai 1664 unter dem Motto «Die Vergnügungen der verzauberten Insel» statt. Autor und Spielleiter dieser Woche war Molière (1622–1673), Theaterdirektor, Schauspieler, Regisseur und der größte Komödiendichter Frankreichs in einer Person. Er gestaltete mit seiner Truppe reich kostümierte Aufzüge, schrieb huldigende Verse für die Königin und drei Ballettkomödien, in denen er die Hauptrollen spielte und der König als Tänzer auftrat. Aber Molière beließ es nicht bei diesen harmlosen Belustigungen, am vorletzten Festtag führte er eine Posse vor: «Tartuffe oder Der Betrüger». Tartuffe ist ein Scheinheiliger, der sich unter der Maske tugendhafter Frömmigkeit in das Vertrauen eines Familienvaters schleicht, so daß dieser seinen Sohn verflucht, aus dem Hause jagt und Tartuffe bittet, sein Schwiegersohn und einziger Erbe zu werden. Dieser Heuchler sah manchem Zeitgenossen

Molière als Sganarelle

Szene aus «Die lächerlichen
Preziösen» von Molière

zum Verwechseln ähnlich. Und die Betroffenen wehrten sich. Zwar hatte der König über das Stück gelacht, aber am nächsten Tag verbot er es auf Drängen des Erzbischofs von Paris und aus staatspolitischen Rücksichten. Molière reagierte darauf, indem er nun erst recht das beschränkte Denken seiner Gegner, die Überheblichkeit des Adels und die Engstirnigkeit des bürgerlichen Spießers mit der ganzen Schärfe seiner Beobachtungsgabe auf der Bühne entlarvte. Er überarbeitete «Tartuffe» und veränderte den bloß widerwärtig falschen Frommen zu einem bösen Eiferer, dem nur der König Einhalt gebieten kann. Fünf Jahre kämpfte Molière um die Aufführung des Stückes, das zu den Meisterwerken der Weltliteratur gehört. An den Urhebern des Verbotes, den kirchlichen Würdenträgern, rächte sich der Dichter

«Don Juan»

mit seiner Komödie «Don Juan». Die spanische Originalgeschichte konnte Molière als bekannt voraussetzen. Aus dem Munde Sganarelles, des abergläubischen Dieners Don Juans, klangen die christlichen Glaubenssätze eher einfältig als überzeugend, während die gotteslästerlichen Reden Don Juans die Szene beherrschten.

Nach dem Versailler Fest schrieb Molière seine großen Charakterkomödien, in denen der gesunde Menschenverstand und das Lachen über Eitelkeit, Dummheit, Geiz, Einbildung und Gewinnsucht siegen.

«Menschenfeind»

Im «Menschenfeind» verlangt Alceste Aufrichtigkeit um jeden Preis und macht sich angesichts der herrschenden Spielregeln damit lächerlich.

«George Dandin»

«George Dandin» ist der Name eines reichen Bauern, der eine arme Landadlige heiratet. Betrug und Standesdünkel seiner Frau treiben ihn zur Verzweiflung.

«Arzt wider Willen» von
Molière an der Volksbühne
Berlin, Inszenierung
Benno Besson, 1971

Hoch hinaus will auch der Bürger Jourdain, indem er den eigenen Stolz verleugnet und die hohlen Manieren von Adligen nachahmt – «Der Bürger als Edelmann».

«Der Geizige»

In der Komödie «Der Geizige» opfert der vom Geiz zerfressene Hapargon Gefühl, Anstand und Würde seiner Geldgier und zerstört nicht nur sein Leben, sondern beinahe auch das Glück seiner Kinder.

Molière hat diese Rolle eindrucksvoll dargestellt. In fast allen seinen Stücken gibt es eine Figur, die er selbst spielte.

Seine Theaterlaufbahn begann Molière 1643. Er hieß mit bürgerlichem Namen Jean Baptiste Poquelin, entstammte einer Handwerkerfamilie und besuchte mit Söhnen des Adels eine angesehene Schule in Paris. Mit 21 Jahren gründete er mit der Schauspielerin Madeleine Bejart das «Illustre Théâtre». Aber finanzielle Schwierigkeiten brachten das Unternehmen zum Scheitern und Molière in das Schuldgefängnis. Nach seiner Haftentlassung ging die Theatertruppe dreizehn Jahre auf Wanderschaft. In dieser Zeit erwarb sich Molière gründliche Kenntnisse des Volkstheaters auf den Jahrmärkten. Er studierte die Spielweise der italienischen Komödianten und die alten französischen Farcen. Diese Erfahrungen ermöglichten es ihm, der größte Theaterdichter Frankreichs zu werden.

Vorspiel im Louvre

1658 bot sich Molières Theatergruppe die Chance, vor dem König im Louvre aufzutreten. Die Vorstellung begann mit einer Tragödie von Corneille, sie gefiel weniger. Erst die nachfolgende Posse erhielt den erhofften Beifall. Der König wies dem Ensemble zunächst das Theater im Hôtel Petit Bourbon, später die von Richelieu eingerichtete Bühne im Palais Royal zu, die Molière renovieren ließ. Damit besaß er den größten Theatersaal Europas. Das Stehparterre, an das sich 27 ansteigende Sitzreihen anschlossen, und die Logen faßten annähernd 2 000 Besucher. Die Truppe hatte es nicht leicht, sich gegen die beiden altbewährten Häuser durchzusetzen. Hinzu kam die Konkur-

Figurine zu «Arzt wider Willen», gestaltet von Harald Metzkes

Molières Komödie «Der eingebildete Kranke» im Park von Versailles, 1674

renz der «Comédie Italienne», die viermal in der Woche, teilweise im gleichen Hause, spielte. Mit der Zeitsatire «Die lächerlichen Preziösen» (Die Kostbaren) eroberte sich Molières Truppe schließlich das Pariser Publikum. Molière verhöhnte darin eine angesehene Gesellschaft, die sich um die Verfeinerung (Kostbarmachung) der Sprache und der Sitten bemühte. Zwei verstiegene dumme Gänschen weisen ihre Verehrer ab. Die Verschmähten rächen sich, indem sie ihre Diener als Grafen bei den entzückten Mädchen einführen, um sie dann vor ihren Augen als Schwindler zu entlarven und zu verprügeln. Durch dieses Stück gewann Molière nicht nur Freunde, mit jeder Aufführung wuchs die Zahl seiner Feinde. Aber der König schützte ihn, denn er begrüßte die Angriffe auf den Adel und die Bourgeoisie, die gegen ihn revoltiert hatten.

«Der eingebildete Kranke»

32 Stücke sind von Molière erhalten. In seiner letzten Komödie «Der eingebildete Kranke» spielte der todkranke Autor die Titelrolle. Sein Spott richtete sich nicht nur gegen Ärzte und Apotheker, sondern auch gegen ihre gläubigen Patienten, zu denen sich Molière selbst rechnen mußte. Während der vierten Vorstellung erlitt er einen schweren Anfall. Mit Mühe spielte er die Aufführung zu Ende, und wenige Stunden später – noch im Kostüm des «eingebildeten Kranken» – starb er. Weil er dem verachteten Schauspielerstand angehörte, sollte er kein christliches Begräbnis erhalten. Erst auf Anweisung Ludwigs XIV. beerdigte man ihn, aber ohne Ehrungen, bei Nacht und Nebel. Auch die Académie Française versagte dem Komödiendichter ihre Hochachtung. Es vergingen mehr als hundert Jahre, ehe sie seine Büste mit der reuigen Inschrift aufstellte: «An seinem Ruhm fehlte nichts, er fehlte dem unsrigen».

Nach dem Tode Molières verband sich sein Ensemble mit der Truppe des Théâtre du Marais und bezog das Hôtel Guénégaud. Zur Eröffnung zeigte es Molières befehdetes Werk «Tartuffe».

Figurine, 1648

Verbannung der italienischen Komödianten aus Paris, 1697. Ihre Beliebtheit beim einfachen Pariser Publikum mißfiel dem Hof seit langem. Als sie es wagten, Madame de Maintenon, die Frau Ludwigs XIV., auf der Bühne lächerlich zu machen, vertrieb sie der König per Dekret aus Paris

Comédie Française

Sieben Jahre später erließ Ludwig XIV. im Feldlager von Charleville die berühmte Order zur Gründung der «Comédie Française». Er ließ am 18. August 1680 erklären: «Seine Majestät haben beschlossen, die beiden Truppen der im Hôtel de Bourgogne und in der Rue de Guénégaud etablierten Theater zu vereinigen und künftig als eine Unternehmung weitergeführt zu sehen mit dem Ziel, noch vollendetere Aufführungen zu erlangen.» Sprecher dieser vereinigten Bühnen wurde La Grange, ein führendes Mitglied der Molière-Truppe. 1689 bekam die Comédie Française ein neues Haus, in das bald das ganze galante Paris strömte.

Die Comédie Française zählt bis heute zu den berühmtesten Theatern der Welt. Wenn Schauspieler dieses Theaters in einem Film mitwirken, so wird im Vorspann ihre Mitgliedschaft genannt.

Ludwig XIV. gewährte dem Theater finanzielle Zuschüsse und beanspruchte für sich das Recht, den Spielplan, die Besetzung der Rollen und organisatorische sowie finanzielle Belange zu beeinflussen.

Auf der Bühne dieses Staatstheaters standen reichbemalte Kulissen, und das Publikum ergötzte sich an technisch raffinierten Verwandlungen durch Flugmaschinen und Versenkungen. Aus den Quellen sprudelte echtes Wasser, aus den Wunden der Helden spritzte Blut (mittels einer gefüllten Schweinsblase), und der reitende Bote erschien tatsächlich zu Pferde. Mochte das Stück auch in der Antike, im alten Rom oder im fernen Orient spielen, die gemalten Paläste und Gärten, die Kostüme und der Kopfputz entsprachen der höfischen Tracht des 17. Jahrhunderts. Der Römer auf der Bühne zog elegant den Federhut von der Allongeperücke, und Iphigenie aus Griechenland war mit spitz geschnürter Taille und Reifrock wie Madame de Montespan, eine Geliebte des Königs, gekleidet. Die Schauspielerinnen wetteifer-

Ehrung Voltaires (er sitzt in der Loge links) anläßlich der Aufführung seiner Tragödie «Irène» am 30. März 1778 in der Comédie Française

Iphigenie im Reifrock

ten untereinander um den größten und prächtigsten Reifrock, oft ein Geschenk adliger Kavaliere. Brustpanzer, Federbusch und lange Schleppen zwangen den Darstellern eine steife Haltung auf, die sich auf ihre Gestik und Sprechweise auswirkte. Dennoch verteidigten vor allem die Schauspielerinnen ihre unbequeme Robe bis in das 18. Jahrhundert.

Als erste legte die Schauspielerin Clairon (1723–1803) den Reifrock ab. Sie befürwortete nicht nur das historisch getreue Kostüm, sie war auch eine Vorkämpferin für die gesellschaftliche Gleichberechtigung der Schauspieler. In einer Denkschrift wandte sie sich dagegen, daß einerseits die Theaterkünstler umschmeichelt wurden, ihnen andererseits nicht einmal ein anständiges Begräbnis zustand.

Aber zu diesem Zeitpunkt war die Ära Ludwigs XIV. längst abgelaufen, der Staat bankrott, die Vormachtstellung Frankreichs in Europa gebrochen.

Als der König zu Grabe getragen wurde, tanzte das Volk vor Freude auf den Straßen von Paris. Die Lage änderte sich unter Ludwigs Nachfolgern nur wenig. Erst allmählich begann das Bürgertum nach der politischen Macht zu streben. Sein geistiger und moralischer Anspruch kam in den Ideen der Aufklärung zum Ausdruck.

Ein bedeutender Mann der französischen Aufklärung, wenn auch der gemäßigten Richtung, war Voltaire (François Marié Arouet, 1694–1778). Er schrieb sechzig Jahre lang Theaterstücke, die das damalige Publikum höher schätzte als seine Prosaerzählungen und Aufsätze. Heute ist es umgekehrt. Voltaire hielt sich streng an die Stilgesetze der klassischen Tragödie. Die Helden bewegen sich auf der Königsebene, aber aufklärerische Gedanken bestimmen oftmals ihr Handeln. Damit traf der Autor den vornehmen Geschmack des Publikums der Comédie Française. Den größten Bühnenerfolg

Voltaire

Szene aus «Ruy Blas» von Victor Hugo mit Gérard Philipe in der Titelrolle, Théâtre Nationale Populaire, Paris, 1954

«Zaïre»

Denis Diderot

Pierre-Augustin
Beaumarchais

errang Voltaire mit der Liebestragödie «Zaïre» (1731). Am Schicksal des mohammedanischen Herrschers Orosman, der eine christliche Sklavin liebt, kritisierte er die Anmaßung des Christentums, den einzig rechtmäßigen Glauben zu besitzen und damit alle Tugenden zu beanspruchen. Die Toleranz, die Duldsamkeit zwischen den Religionen war eine der Hauptforderungen der Aufklärung. Dieses Thema behandelte auch Gotthold Ephraim Lessing in seinem Drama «Nathan der Weise».

Den Versuch, eine dramatische Form zu begründen, die dem Bürgertum Raum gab, seine eigenen Lebensprobleme zur Sprache zu bringen, unternahm Denis Diderot (1713 – 1784). In seinen Stücken «Der natürliche Sohn» und «Der Familienvater» schilderte er einfache tugendhafte Menschen im bürgerlichen Familienmilieu, die sich durch die Lauterkeit ihres Charakters von den Adligen ihrer Umgebung unterscheiden. Diderot schrieb bürgerliche Dramen und bewies, daß auch außerhalb der großen Welt Konflikte bestehen, die es wert sind, auf der Bühne ausgetragen zu werden. Das bürgerliche Drama sollte nicht die klassische Tragödie ersetzen, sondern neben ihr einen berechtigten Platz einnehmen. Seine Theaterauffassungen legte er in den «Abhandlungen über dramatische Dichtung» und in der Schrift «Paradox über den Schauspieler» dar. Den Zielen der Aufklärung folgend, sah er im Theater eine Möglichkeit, die Menschen zu verantwortungsbewußt handelnden Bürgern zu erziehen, die in der Lage sind, die Geschicke der Gesellschaft, das heißt den bürgerlichen Staat zu leiten. Diderots Anschauungen beeinflußten die Theaterentwicklung in Deutschland. Lessing übernahm von ihm viele Gedanken, als er die Grundsätze für ein deutsches Nationaltheater entwarf. In Frankreich bereitete Diderot den Boden für ein Theater, das die Revolution ankündigte, Jahre bevor sich die Bourgeoisie zum Sturz des verhaßten Regimes erhob.

Zu einem Ereignis wurde 1784 die Uraufführung der Komödie «Ein toller Tag oder Figaros Hochzeit» von Pierre-Augustin Caron de Beaumarchais (1732–1799). Das Publikum stürmte die Kassen der Comédie Française, und in kurzer Zeit erlebte das Stück siebzig Vorstellungen. Die Zuschauer genossen die Niederlage des Grafen Almaviva, der vergeblich der Braut seines Kammerdieners nachstellt, um am Ende seiner eigenen Frau, die in den Kleidern der Braut zum Stelldichein erscheint, einen Liebesantrag zu machen. Figaro, ein Nachfahre der Dienerfiguren Molières, aber mit dem gewachsenen Selbstbewußtsein des dritten Standes, verhöhnt die Standesunterschiede, das rücksichtslose und anmaßende Verhalten des Adels, beweist seine geistige Überlegenheit und behauptet seinen Anspruch auf Freiheit und Glück.

Das Leben Beaumarchais' verlief abenteuerlich. Er war Uhrmacher, Spekulant, Unternehmer, Erfinder, Harfenlehrer der Prinzessinnen und Geheimagent Ludwigs XV. in London, unterstützte finanziell den Unabhängigkeitskrieg der Amerikaner, errang durch Ämterkauf den Adelstitel, erkämpfte eine Regelung für die Bezahlung von Autoren, und er schrieb Theaterstücke.

Mozart benutzte «Figaros Hochzeit» als Vorlage für eine seiner bekanntesten Opern, und auch eine zweite Komödie Beaumarchais', «Der Barbier von Sevilla», wurde in der Vertonung des italienischen Komponisten Rossini unsterblich. Die schillernde Person des Autors selbst bot Stoff für das Theater. (Goethe – «Clavigo»; Friedrich Wolf – «Beaumarchais»).

Die Commedia dell'arte

Das italienische Theater

Masken des Karnevals

Die Commedia dell'arte erlebte eine Blütezeit von mehr als 200 Jahren. Für ihr Entstehen Mitte des 16. Jahrhunderts bot Venedig einen günstigen Boden. Während des Karnevals, des großen Mummenschanzes vor der Fastenzeit, zeigten hier eigentümliche Masken ihr närrisches Treiben. Die einen trugen zur weißen Kleidung rote Schnüre und Schuhe, eine schwarze Larve oder Puder auf dem Gesicht. Sie vollführten tänzerische Sprünge und hatten oft Konfekt oder mit Duftstoffen gefüllte Eier an Angelruten, die sie in offene Fenster warfen. Andere stellten Bettler mit körperlichen Gebrechen, zerlumpte Gestalten und Alltagsberufe dar. Männer verkleideten sich als Frauen, als Kinder gar, die sie nachäfften. Neben diesen «unfeinen» Masken besaßen die bessergestellten Venezianer ein dreiteiliges

Karnevalsmasken

Maskengewand, das Männer und Frauen auch außerhalb des Karnevals anlegten, wenn sie den Dogenpalast, das Theater oder ein Café besuchten. Daraus entwickelte sich die «klassische» venezianische Gesellschaftsmaske.

Commedia dell'arte

Die Commedia dell'arte übernahm mit der Karnevalsmaske auch die «Weltsicht» dieser Zeit. Mit dem Namen Commedia dell'arte (Komödie hieß allgemein Theater und l'arte das Handwerk, der Beruf) grenzten sich die Truppen als Berufsschauspieler von den bisher üblichen Theaterformen ab, von den städtischen Liebhabervereinen, dem lateinischen Schultheater und der «gelehrten Komödie», der «Commedia erudita».

Die Mitglieder der Commedia dell'arte stammten aus unterschiedlichen sozialen Schichten: Buffoni, Spaßmacher und Seiltänzer vereinigten sich mit bühnenerfahrenen Laien, meist aus dem Handwerkerstand. Auch einige Bürgerliche, die eine literarische Bildung besaßen, schlossen sich ihnen an. Sie wählten kein leichtes Leben. «Allein schon das Reisen auf den schlechten italienischen Straßen, durch unwegsame Gebirge und Schluchten, in einer Zeit, da Kriege und Banditenunwesen ohnehin jeden Reisenden bedrohten, erforderte viel Mut, Ausdauer, Energie und vor allem Liebe zu der Aufgabe, der sich diese Menschen für ihr ganzes Leben verschrieben hatten . . . Sobald sie am Ziel ihres Weges angelangt waren, schlugen die Komödianten ein Brettergerüst auf, wobei ihr Planwagen ihnen gute Dienste leistete, sie hängten die Dekorationen auf, nagelten irgendwo hinter den ‹Kulissen› ein Blatt Papier mit dem Szenarium an – und schon begann der Prolog, der die Zuschauer herbeirufen sollte.» (A. K. Dshiwelegow)

Spiel aus dem Stegreif

Die Commedia dell'arte übernahm vom Karneval die Maske und die Improvisation, das Spiel aus dem Stegreif. Die Schauspieler erfanden den Text ih-

Bühnendekoration aus dem 16. Jahrhundert. Sie stellte immer eine Straße oder einen Platz dar. In den Komödien waren es konkrete reale Örtlichkeiten, in der Tragödie ausgedachte Straßen und Plätze mit perspektivisch gemalten Palästen

Das Szenarium

rer Rolle vor den Augen der Zuschauer. Vor der Aufführung legten sie die wichtigsten Punkte der Handlung im Szenarium fest. Sie besprachen, wer wem begegnet, was der eine vom anderen will, wer störend dazwischentritt und wie das Stück enden soll. Während der Vorstellung hing das Szenarium an einem Pfosten hinter der Bühne, so daß sich jeder Darsteller vor seinem Auftritt über den Fortgang der Handlung informieren konnte. Kam es dennoch zu Stockungen, so hatte jeder Schauspieler akrobatische Nummern, Späße und Witze für die passenden Gelegenheiten parat. Auch lokale Vorkommnisse wurden im Spiel aufgegriffen und kommentiert. Für ihre Szenarien benutzten sie literarische Stoffe – Renaissancenovellen, alte Volksbücher, antike Komödien, Stücke des gelehrten Theaters – und historische Berichte, die sie nach Gutdünken für ihre Zwecke abwandelten.

Feststehende Masken

Jeder Schauspieler trat immer in ein und derselben Maske auf. Je nach seiner Veranlagung wählte er seine Rolle, die er ein Leben lang spielte. Dabei kam es auf das Alter des Darstellers überhaupt nicht an. Der Vater konnte zwanzig Jahre jünger sein als der Sohn, aber es war undenkbar, daß ein Schauspieler heute die Rolle des Dieners und morgen die des Liebhabers übernahm. In allen Stücken, so unterschiedlich ihr Inhalt auch sein mochte, spielte er seine Figur, deren Charakter, Maske und Kostüm feststanden. Seine künstlerische Meisterschaft zeigte sich in der vollkommenen Beherrschung und brillanten Ausformung dieser einen Rolle.

Einer Truppe gehörten gewöhnlich zehn bis zwölf Schauspieler an: das erste und das zweite Liebespaar, auf deren Verwirrungen und Schwierigkeiten zueinanderzukommen die Handlung beruhte; die beiden Alten, Pantalone und Dottore, die den Verliebten alle möglichen Hindernisse in den Weg legen;

Die beiden Pantalone

die Diener Brighella und Arlecchino, die den Liebenden helfen, das Ränkespiel der Väter zu durchkreuzen; Fanceschina, die Zofe der Liebhaberin, und eine ältere Frau ergänzen das Ensemble, zu dem sich auch der Capitano, eine Karikatur auf einen spanischen Besatzungsoffizier, gesellte.

Ihre Volksverbundenheit bewies die Commedia dell'arte vor allem durch die beiden Diener. Diese fröhlichen Gestalten kannten keine Unterwürfigkeit. Ihr selbstbewußtes Auftreten bewahrte die lebensbejahenden Ideen der Renaissance in einer Zeit, in der die feudal-katholische Reaktion den wirtschaftlichen Ruin Italiens beschleunigte und alle freiheitlichen Bestrebungen erbarmungslos erstickte. Die kirchliche Zensur konnte das Stegreiftheater schwerer verbieten und verfolgen als das geschriebene Wort oder den gedruckten Text. In den Vorstellungen wußte man vorher nie genau, welche Sätze fallen würden, und die Schauspieler hielten sich zurück, wenn sie einen Spitzel der Polizei oder der Kirche unter den Zuschauern entdeckten. Nur in der Improvisation war es möglich, Gedanken und Meinungen des Volkes öffentlich auszusprechen. Darüber hinaus trug auch der Dialekt zur Volkstümlichkeit dieses Theaters bei. Arlecchino und Brighella fluchten und schimpften auf bergamesisch. Pantalone beherrschte die Feinheiten der venezianischen, Dottore die Grobschlächtigkeit der Bologneser Mundart. Lediglich das Liebespaar, das meist aus den gehobenen Schichten stammte, sprach die offizielle Literatursprache: Toskanisch.

Arlecchino und Brighella

Venedig – Zentrum der Commedia dell'arte

Italien bestand jahrhundertelang aus vielen kleinen Gebieten, von denen jedes einen eigenen Dialekt besaß. Es war ein geografischer Begriff, kein einheitliches Gebilde. Die einst durch Handel und Gewerbe starken italienischen Stadtrepubliken, zu denen auch Venedig gehörte, befanden sich im Niedergang. Als sich Venedig zum Zentrum der Commedia dell'arte entwikkelte, war seine besondere Stellung als Umschlagplatz für den Handel zwischen Europa und dem Orient im Schwinden. Die großen Schiffsrouten führten bereits seit dem Ende des 15. Jahrhunderts an Italien vorbei. Venedig sah sich seiner wichtigsten Einnahmequelle beraubt. In den meisten europäischen Ländern hingegen entstanden mächtige Monarchien, die Italien wirt-

Figuren der Commedia dell'arte von Jacques Callot

schaftlich überflügelten und das Land als ihr Interessengebiet betrachteten. Es wurde zum Schauplatz verheerender Kriege zwischen Franzosen, Spaniern und Deutschen. Die italienische Bourgeoisie, durch die wachsende Aktivität der Volksmassen in diesen Kämpfen erschreckt, machte schnell Frieden mit ihrem Erzfeind, dem Feudaladel. Dem Rückfall in die feudale Gesellschaftsordnung entsprach der ideologische Rückschritt. Die katholische Kirche, die durch die bürgerliche Reformation Einfluß verlor, holte zum Gegenschlag aus. Einzig Venedig behauptete mit Hilfe geschickter Diplomatie seine Unabhängigkeit und Neutralität. Damit bewahrte sich die Stadt ein größeres Maß an Freizügigkeit. Allerdings gab eine immer kleiner werdende Anzahl aristokratischer Familien den Ton an. Pächter bewirtschafteten ihre Güter auf dem Lande. Diese Adligen verschwendeten ihr Geld in einem sorglosen, luxuriösen Leben, war es verbraucht, verbrachten sie ihre Tage in der Hoffnung auf eine reiche Heirat oder bemittelte Freunde. So verlor der ehemals mächtige Stadtstaat Venedig den Anschluß an die kapitalistische Entwicklung Europas. Doch der Zerfall vollzog sich allmählich, kaum wahrnehmbar für die Zeitgenossen. Wie seit eh und je tätigten die großen Bankhäuser auch noch im 18. Jahrhundert ihre Finanzgeschäfte, besuchten Reisende aus aller Herren Länder die Stadt. Man gab beträchtliche Summen für öffentliche Belustigungen und Karnevalsfeiern aus und lockte so auch die wandernden Komödiantentruppen an.

Sie spielten nicht mehr auf Märkten und Straßen, sondern in festen Häusern. In Venedig gab es sechs öffentliche Theater, die nach nahe gelegenen Kirchen benannt wurden. Äußerlich glichen die Gebäude den übrigen Häusern der Stadt. Die Seitenlogen und das Parterre boten nur einigen hundert Besuchern Platz. Das Publikum verhielt sich im schwach beleuchteten Zuschauerraum, für heutige Begriffe, undiszipliniert. Zahlungsfähige Bürger mieteten für eine jährliche Pacht Logen, die sie nach ihrem Geschmack mit Tapeten und Möbeln ausstatten ließen. Da die Patrizier, aufgrund einer politischen Vorschrift, zu Hause keine Fremden empfangen durften, pflegten sie ihre Geschäftsverbindungen im Theater. Während der

Logenpächter und Gondolieri

Festzug mit Figuren der Commedia dell'arte, Dresden, 1709.
Mitte des 16. Jahrhunderts beginnen italienische Komödianten auch in andere Länder zu reisen. Sie gastieren an Höfen von Kopenhagen bis Dresden und Wien

Zanni- und Capitano aus «Harlekin und die anderen», die Geschichte einer Maskenfigur, Piccolo Teatro, Mailand, 1981.
Die Diener, Zanni, sind ursprünglich Gestalten des norditalienischen Brauchtums, Erddämonen, deren äußere Merkmale die Schau-

spieler übernahmen: weißer Anzug, schwarze Masken.
Später wurden aus Zanni: Arlecchino (Harlekin), Brighella und Pulcinella

Vorstellung wurde ungeniert geredet, verhandelt und mit Freunden gescherzt. Im Parterre standen die einfachen Leute, vor allem die Gondolieri, die ihre Herrschaften ins Theater brachten und am Schluß der Aufführung wieder nach Hause fuhren. Die Hauptsaison dauerte in Venedig von Weihnachten bis zum 30. März. Zwei weitere Spielzeiten lagen in den Wochen zwischen dem zweiten Ostertag und dem 15. Juni und zwischen dem 1. September und dem 30. November. Außerhalb dieser Spielzeiten spielten die Ensembles in anderen Städten, denn sie lebten noch immer als Wandertruppen. Im Vergleich zu den Hoftheatern verfügten sie über geringe Geldmittel. Auch den Aufwand der Opernaufführungen konnten sie sich nicht leisten. Einmal angeschaffte Dekorationen mußten sich, mit geringen Veränderungen, für alle Stücke eignen. Meist bestanden sie aus einem bemalten Prospekt, einigen Seitenkulissen, Soffitten und wenig Mobiliar.

Zu den berühmtesten Theatertruppen dieser Zeit zählte die Gesellschaft von Giuseppe Imer (1700–1758). Imer spielte Liebhaberrollen, obwohl dieses Fach seiner kleinen Statur eigentlich nicht entsprach. Deshalb fügte er musikalische Zwischenspiele in die Aufführungen ein, in denen er als Sänger viel Beifall beim Publikum fand. Carlo Goldoni (1707 – 1793) las dieser Truppe seine Tragikomödie «Belisar» vor. Er begeisterte die Schauspieler für das Stück. Sie beschlossen, es aufzuführen, und beauftragten Goldoni, Stücke und Zwischenspiele für sie zu schreiben.

Carlo Goldoni begründet die italienische Charakterkomödie

Es war auch nicht das erste, das Goldoni verfaßt hatte. Bereits als achtjähriges Kind schrieb er seine erste Komödie, spielte er Puppentheater, liebte er die Theaterluft. Aber es vergingen viele Jahre, ehe er seinen Kindheitstraum wahr machen konnte. Auf Wunsch seiner Familie sollte er wie der Vater Arzt werden, doch dieser Beruf mißfiel ihm. Er studierte die Rechte, arbeitete als Sekretär eines Gesandten, später als Konsul. Nach Jahren der Wanderschaft durch Italien erwarb er den Doktor der Rechtswissenschaften und die Zulassung als Advokat in seiner Vaterstadt Venedig. Auch nach seinem ersten großen Bühnenerfolg übte er diese Tätigkeit weiter aus, denn obwohl er die Theater regelmäßig mit Komödien, Tragödien, Opernlibretti und kleinen Szenen belieferte, konnte er von diesen Einkünften nicht leben. Auch fühlte er, daß diese Stücke – keines hat die Zeit überdauert – lediglich Proben seines Talents gaben und daß er sein Vorbild Molière noch nicht erreicht hatte. Die Begegnung mit Antonio Sacchi (1708 – 1788), dem zu dieser Zeit in Europa bekanntesten Harlekin-Darsteller, bekräftigte seine Entscheidung, sich vor allem der Komödie zuzuwenden und die Commedia dell'arte zu reformieren.

«Diener zweier Herren» Auf Anregung dieses Schauspielers schrieb Goldoni 1745 den «Diener zweier Herren», eine seiner bekanntesten Komödien. Zwar verwandte er das Handlungsschema und die Typen der Commedia dell'arte, aber sie besitzen einen eigenen Namen und persönliche Eigenschaften. Truffaldino ist der ewig hungrige Diener aus Bergamo. Er steht im Dienste von Beatrice, die in Männerkleidern ihrem Geliebten, Florindo, nach Venedig gefolgt ist und in Brighellas Gasthof wohnt. Als hier ein junger Mann ebenfalls Quartier nimmt, wird Truffaldino auch sein Diener, um doppelt zu essen und Lohn zu bekommen. Der Neuankömmling ist kein anderer als der von Beatrice gesuchte Florindo. Doch beide ahnen nicht, wie nahe sie einander sind. Truffaldino, bemüht, es beiden Herren recht zu machen, stiftet große Verwirrung. Er vertauscht die Koffer der beiden. Florindo findet ein Bild von sich, das er einst Beatrice schenkte, und Beatrice entdeckt Florindos Merkbuch. Um seine Doppelrolle zu verschleiern, flüchtet Truffaldino in die Lüge. Er behauptet, daß die Personen, denen die Dinge gehörten, gestorben seien. Daraufhin halten die Liebenden einander für tot. Jeder beschließt für sich, seinem Leben ein Ende zu setzen. Aber im letzten Augenblick erkennen sie sich. Truffaldino weiß mit Geschick den Zorn der Genasführten von sich abzuwenden und bekommt die Zofe Smeraldina zur Frau.

Den Text der Rollen arbeitete Goldoni nur zum Teil aus, er vervollständigte ihn erst für die Buchausgabe seiner Stücke. Er konnte dem Geschmack und der Bildung Sacchis vertrauen. Mit dem Erfolg der Aufführung des «Diener zweier Herren» setzte sich Goldoni als Bühnenautor durch. Für die Spielzeit **Girolamo Madebac** 1748/49 schloß er mit Girolamo Madebac (1706 – 1790) einen Vertrag als Theaterdichter. Damit ging er das Wagnis ein, seinen Lebensunterhalt durch schriftstellerische Arbeit zu verdienen. Die Truppe Madebacs galt als die beste seiner Zeit. Mit ihr verwirklichte Goldoni 1750 seine Theaterreform. Am Ende dieser Saison verließ der berühmte Pantalone D'Arbes das Ensemble. Er war eine Stütze des Spielplans und Liebling des Publikums. Sein Weggang bedrohte das Fortbestehen der Truppe. Da versprach Goldoni öffentlich, im kommenden Theaterjahr jede Woche eine neue Komödie zu liefern, insgesamt sechzehn Stücke. Er hielt sein Versprechen und gewann dem Theater die Abonnenten zurück. Damit zog erstmals der Autor das Publikum an und nicht mehr nur der Schauspieler.

Theaterreform Im selben Jahr schrieb Goldoni auch das Stück «Das komische Theater». Darin spielten die Schauspieler sich selbst und erläuterten Goldonis Forderung, das Theater zu erneuern. Die alte Commedia dell'arte müsse durch die Sitten- und Charakterkomödie ersetzt werden, die das Leben des italienischen Volkes wahrhaft schildert. «Die Maske wird das Spiel des Darstellers

Capitano

Die Zofe Fanceschina oder Colombina, Partnerin von Arlecchino

immer beeinträchtigen. Will er nun Freude oder Schmerz ausdrücken, ob er nun verliebt ist, in Zorn gerät oder scherzt, stets zeigt sich das gleiche bemalte Leder ... Er mag gestikulieren und den Ton seiner Stimme wechseln, wie er will, nie wird er durch seine Gesichtszüge, die wahren Dolmetscher des Herzens, die verschiedenen Leidenschaften erkennen lassen, von denen seine Seele bewegt ist.»

Goldoni lehnte die festgelegten Typen des Maskentheaters ab und zeichnete Charaktere mit den Gedanken und Gefühlen einfacher Leute. Seine Figuren stammen meist, wie er selbst, aus dem bürgerlichen Mittelstand. Sie meistern **«Mirandolina»** mit Witz, Verstand und aufrichtigem Denken ihr Leben. In «Mirandolina» ist es die Titelheldin, die Besitzerin eines kleinen Hotels, die charmant und schlagfertig ihre adligen Verehrer an der Nase herumführt und ihren tüchtigen Kellner Fabricio heiratet. Der venezianische Adel dagegen erscheint in Goldonis Komödien in der Gestalt des Schmarotzers, der schamlos an fremden Tischen speist. Da gibt es den zahlungsunfähigen Grafen, der mit seinen Titeln und Namen prahlt, den falschen Patrizier, der sich das Adelsprädikat erschwindelt oder erkauft, den lüsternen Marchese, der den bürgerlichen Frauen nachstellt und Spott erntet. Klatschsucht und Müßiggang sind der **«Das Kaffeehaus»** Lebensinhalt dieser Figuren. Wie genau Goldoni diese Zeitgenossen traf, bewies die Reaktion der Zuschauer nach der Premiere der Komödie «Das Kaffeehaus». In der Gestalt des klatschsüchtigen Don Marzios glaubten die Venezianer verschiedene bekannte Personen erkannt zu haben, so daß die Betroffenen dem Autor Prügel anboten. Fischer und Arbeiterinnen sind die

Ronald Paris: Figurinen zu
«König Hirsch» von Gozzi,
Volksbühne Berlin, 1971

«Krach in Chiozzia»

Helden der Komödie «Krach in Chiozzia», die mit südlichem Temperament ihren Anspruch auf ein bescheidenes persönliches Glück verteidigen. Goldoni zeichnet sie auch in ihren Schwächen liebenswert. Aus dem Stück spricht die Zuneigung des Verfassers zu seinem Volk.

Goldonis Stellung als freiberuflicher Theaterdichter zwang ihn aber auch, zu vielen Patriziern ein freundliches Verhältnis zu suchen. Seine finanzielle Lage blieb unsicher, obwohl er pausenlos schrieb. Er war den Launen und der Gewinnsucht der Direktoren ausgesetzt, erhielt für ein fertiges Stück nur eine einmalige Abfindung, durch die ihm sogar das Recht für den Druck verlorenging. So bestand Madebac darauf, Goldonis Komödien zu veröffentlichen, und der Autor konnte dagegen nichts unternehmen, als seine Werke 1753 außerhalb der Republik Venedig drucken zu lassen. Ein Jahr zuvor hatte sich Goldoni von Madebac getrennt und mit dem Besitzer des Theaters von San Luca einen Vertrag abgeschlossen. Goldoni begründete diesen

Schauspieler mit Gewinnbeteiligung

Schritt: «Dort gab es keinen Direktor. Die Schauspieler teilten die Einnahmen, und der Besitzer des Hauses, dem der Gewinn aus den Logen zustand, setzte ihnen, je nach Verdienst und Alter, Ruhegelder aus..., meine Stellung war viel einträglicher und bedeutend ehrenvoller geworden.» Allerdings mußte Goldoni dafür ein weniger gutes Ensemble in Kauf nehmen, das es auch nur zögernd verstand, die neue Art seiner Komödien auf der Bühne zur Wirkung zu bringen. Goldonis Gegner genossen mit Schadenfreude seine anfänglichen Mißerfolge an diesem Theater. Viele Schauspieler, die sich in den Masken der Commedia dell'arte hervortaten, sträubten sich gegen Gol-

Marcello Moretti, berühmter Arlecchino der Aufführung «Diener zweier Herren» von Goldoni am Piccolo Teatro, Mailand, 1956.
Er überlegt, wie er einen fälschlich geöffneten Brief wieder versiegeln kann. Ein Rezept seiner Großmutter fällt ihm ein: gekautes Brot

Er opfert sein letztes Stück Brot und kaut, aber seine ewig hungrige Natur ist stärker: Immer wieder schluckt er versehentlich den Bissen hinunter

Die Lösung bietet schauspielerischer Phantasie reichen Spielraum: Moretti bindet einen Happen an einen Faden und rettet ihn so vor dem Verspeisen

donis Reform. Sie löste einen regelrechten Theaterkrieg aus. Angezettelt hatte ihn ein Verfasser minderwertiger Komödien, Pietro Chiari (1711–1785), mit einer Parodie auf Goldonis Stück «Die listige Witwe». Chiari benutzte schamlos Stücke anderer Autoren, vor allem von Goldoni, als Vorlage für seine Machwerke. Er ist wie einer, «der gekommen ist, um sich an meinem Tisch zu sättigen und dann schlecht von meinen Speisen zu reden», urteilte Goldoni. Selbst Carlo Gozzi (1720–1806), Goldonis Hauptfeind, nannte ihn einen «elenden Schmierer», während er dem Schöpfer der italienischen Charakterkomödie ein «würdiges Talent» nicht absprechen konnte. Dem Adligen Gozzi mißfielen die Volkshelden Goldonis und ihre einfache Sprache. «In seinen Produktionen», schrieb er, «hat Goldoni oft Betrügereien, Täuschungsmanöver und Lächerlichkeiten seinen Adelsfiguren angeheftet und die heroischen, ernsthaften und großmütigen Taten seinen Figuren aus dem Pöbel zugeschrieben.» Für Gozzi waren die Begriffe Volk und Pöbel gleichbedeutend. Er verfaßte Streitschriften gegen Goldoni, der sich von der Bühne herab unter Anteilnahme des Publikums dagegen wehrte. Um seine Ansichten wirkungsvoller zu vertreten und um Goldoni zu beweisen, daß die Zuschauer sich auch für Stücke begeistern, die nicht in der Wirklichkeit spielen, begann Gozzi 1761 Märchenstücke zu schreiben. Er verbündete sich mit Antonio Sacchi, der nach wie vor das Stegreiftheater pflegte und mit seiner berühmten Truppe Gozzis erste Märchenkomödie «Die Liebe zu den drei Orangen» herausbrachte. Sie enthielt direkte Angriffe auf Goldoni. Das Publikum bejubelte die Aufführung. Gozzi verwandte die Typen der Commedia dell'arte und alte italienische Märchenstoffe. Die Masken waren noch immer sehr beliebt, und die Märchenwunder, in einem effektvollen Zaubertheater dargeboten, verzauberten auch die Zuschauer. In allen Märchenstücken Gozzis – die bekanntesten sind «Der Rabe», «König Hirsch», «Das schöne grüne Vögelchen» und «Turandot» – entsprachen die Charaktere der gesellschaftlichen Stufenleiter: je höher eine Gestalt auf der Leiter stand, desto edler war ihre Gesinnung. Die Aristokratie beherrschte die erhabenen Gedanken und Gefühle, die Figuren aus dem Volk dagegen sind mit allen möglichen Untugenden behaftet.

Damit ging der Streit der beiden Dichter weit über einen Theaterkrieg hinaus. Gozzi bekämpfte die demokratischen Ansichten Goldonis. Als Anhänger der bürgerlichen Aufklärung vertrat Goldoni die Lehre vom «Naturrecht», nach der alle Menschen gleich geboren sind.

Die aufreibenden Auseinandersetzungen mit seinen Gegnern brachten Goldoni 1762 dazu, Venedig zu verlassen und einem Ruf an das italienische Theater in Paris zu folgen. Aber dort erwartete ihn eine neue Enttäuschung. Die Schauspieler wünschten von ihm die alten Stegreifkomödien. Zum Broterwerb gezwungen, schrieb er für sie vierundzwanzig Szenarien im Stile der Commedia dell'arte. Als sein Vertrag ablief, verdiente er sein Geld als Italienischlehrer der französischen Prinzessin. Dieser Posten sicherte ihm eine bescheidene Rente. Auf dem Theater errang er noch einen Erfolg, als die Comédie Française 1771 sein Stück «Der Rappelkopf» uraufführte. Während Goldoni in Paris seine Lebenserinnerungen schrieb, geriet er in Italien immer mehr in Vergessenheit. Durch die Französische Revolution verlor er auch seine Rente. Nach einem halben Jahr bitterster Armut sprach ihm der Nationalkonvent finanzielle Unterstützung zu. Doch die Hilfe kam zu spät. Am Tag des Beschlusses starb Goldoni.

Carlo Gozzi

Fastnachtsspiele und die Konkurrenz aus England

Das Theater in Deutschland

Hans Sachs

Bis zum Ende des 16. Jahrhunderts blieb das Theater in Deutschland den Laien vorbehalten. Lehrer und Pfarrer übten mit ihren Schülern Stücke zunächst in lateinischer, später in deutscher Sprache ein, um sie in gewandter Rede und sicherem Auftreten zu schulen. Öffentliche Vorstellungen dieses Schultheaters fanden das Interesse eines zumeist gebildeten Publikums. Das volkstümliche Theater wurde von den Handwerkerzünften gepflegt. Sie führten zu bestimmten Anlässen und an Feiertagen Schwänke und Fastnachtsspiele auf. Ihr berühmtester Dichter war der Schuhmacher und Meistersinger Hans Sachs (1494–1576). Er lebte in Nürnberg und schrieb unter an-

Goethe als Orest und die von ihm verehrte Schauspielerin Corona Schröter als Iphigenie in einer Liebhaberaufführung der «Iphigenie», 1779 in Weimar

Hans Sachs

Englische Komödianten

derem fünfundachtzig Fastnachtsspiele, in denen er mit kräftigem Humor das Leben der Handwerker und seiner städtischen Mitbürger schildert. Die theaterbegeisterten Zünfte errichteten 1550 in Nürnberg das erste Theatergebäude auf deutschem Boden. Dennoch blieb das Theater für die Handwerker nur eine unterhaltsame Nebenbeschäftigung. Zwar spielten die Zünfte in allen Städten mit Eifer Theater, aber den Anstoß für die Entwicklung des deutschen Berufstheaters gaben sie nicht. Er kam von außerhalb. Über Dänemark und Holland gelangten seit 1692 englische Wandertruppen nach Deutschland. Sie traten in den Versammlungsräumen der Rathäuser, auf Jahrmärkten und in den Festsälen der Schlösser auf. Ausgerüstet mit Empfehlungsssschreiben adliger Gönner, zogen sie von Hof zu Hof, von Stadt zu Stadt und fanden überall großen Zulauf. In englischer Sprache spielten sie «schöne, herrliche, freudige und trostreiche Komödien aus Historiis» ihrer Heimat. Um die Schaulust des Publikums zu befriedigen und um die Sprachschwierigkeiten zu überwinden, bevorzugten sie kräftige Aktionen mit Kämpfen, Prügeleien, Mord und Totschlag unter hochgestellten Personen, untermalt mit Musik, Tanz und Pantomime. Zwischen den Akten unterhielt ein Clown die Zuschauer mit Späßen. Er war auch der erste aus der Truppe, der seine derben Witze in deutsch an den Mann brachte. Bald übten sich alle Schauspieler in der Landessprache, und auch einheimische Komödianten schlossen sich ihren Ensembles an. Der Clown, der mit seinen artistischen Einlagen und unflätigen Wortwitzen immer mehr Spielraum gewann,

Wandernde Schauspielerinnen beim Umkleiden in einer Dorfscheune, Stich von Hogarth, 1738

Hanswurst

nahm die Eigenschaften des deutschen Narren an. Er hieß bald Pickelhering (Pökelhering), Hans Stockfisch oder Hans Wurst und gaukelte zwischen den Akten in Shakespeares «Romeo und Julia», «Hamlet», «Othello» oder Marlowes «Doktor Faustus». Obwohl diese Stücke das Publikum äußerst verstümmelt erreichten, so lernte es doch die großen Werke der dramatischen Literatur Englands, Frankreichs und Spaniens kennen. Selbst in diesen frei verarbeiteten Fassungen blieb ein neues Maß menschlicher Leidenschaften und Gedanken im Unterschied zu der trockenen Gelehrsamkeit des Schultheaters und zu der holprigen Unbeholfenheit der Meistersingerbühne spürbar. Für den hohen Grad der Beliebtheit der englischen Komödianten spricht die Tatsache, daß sich die ersten deutschen Schauspielertruppen sogar häufig als Engländer ausgaben, um das Publikum anzulocken und die Art ihrer Darbietung anzupreisen. Die Konkurrenz war groß. Die Ensembles buhlten um die Gunst der Fürsten und Stadträte, um die günstigsten Spieltermine zu erhalten. Sie versuchten, sich gegenseitig die Stücke streitig zu machen und die besten Schauspieler abzuwerben. In ihrem Reisegepäck führten sie nur wenig Dekorationen und Kostüme mit. Der Umfang ihrer Ausstattung hing von der eigenen sozialen Stellung und von der Freizügigkeit des jeweiligen Brotgebers ab. Abgelegte Kleider und Federhüte großzügiger Hofdamen und Fürsten wurden dankbar entgegengenommen.
In der ersten Hälfte des 17. Jahrhunderts verwüstete der Dreißigjährige Krieg die deutschen Länder. Die wenigen englischen und deutschen Trup-

Franz Schuch d. Ä. (1716–1763).
Er spielte vorwiegend in Norddeutschland Stegreif-

komödien. Berühmt waren seine Improvisationen als Hanswurst. Er führte auch Stücke von Lessing auf

pen, die sich über Wasser halten konnten, zogen in der Nachhut der Heere mit. An den Höfen kam die Oper nach italienischem Muster in Mode. Die deutschen Schauspielertruppen verdrängten allmählich die englischen und behielten vor allem ihre Unarten bei – die blutrünstigen Haupt- und Staatsaktionen und die groben Hanswurstiaden. Die erste deutsche Truppe, die es zu Ansehen brachte, war die «berühmte Bande» Johann Veltens' (1640–1692). Als «Chur-Sächsische Komödiantengesellschaft» erhielten Veltens und seine Darsteller feste Jahresgehälter mit der Verpflichtung, die Festlichkeiten des Dresdner Hofes auszugestalten. Aus Veltens' Ensemble gingen eine Reihe namhafter Prinzipale (Leiter von Schauspielertruppen) hervor. Sein Hanswurstspieler Joseph Stranitzky (1676–1727) zog 1707 nach Wien und spielte bis zu seinem Tode im Theater am Kärntner Tor. Hier schuf er nach dem Vorbild des Arlecchino der italienischen Commedia dell'arte die lustige Figur des Wiener Volkstheaters. Er stattete sie mit Eigenschaften des nach Wien zugereisten Salzburger Bauern aus und trug zur gelben Hose eine kurze rote Jacke, einen spitzen grünen Hut und die weiße Narrenhalskrause. Sein Nachfolger, Gottfried Prehauser (1699–1769), verstand es, die Verbundenheit zum Wiener Vorstadtpublikum zu wahren und mit schlauer Pfiffigkeit dessen Gefühle und Gedanken zum Ausdruck zu bringen. Aber die Mehrzahl der Pickelhering- und Hanswurstdarsteller ließ diese Volkstümlichkeit vermissen. Sie trieben auf der Bühne unflätige Possen, und ihren Witzen fehlte der gesellschaftskritische Bezug. Dieser Zustand erforderte, den Ideen der bürgerlichen Aufklärung auf der Bühne Platz zu verschaffen.

Caroline Neuber, die gebildete Tochter eines Juristen aus Zwickau, brannte mit dem Schauspieler Johann Neuber von zu Hause durch, heiratete ihn und gründete eine eigene Schauspielertruppe. Mit ihr zog sie 1727 zur Ostermesse nach Leipzig. Die Neuberin, wie man sie bald nannte, war nicht nur eine vielseitige Darstellerin, sondern auch eine strenge Prinzipalin ihrer Truppe, mit der sie die deutsche Schauspielkunst reformieren wollte. Dabei begann sie mit dem Nächstliegenden: Sie forderte Pünktlichkeit auf den Proben und zu den Vorstellungen, Fleiß und ehrbares Verhalten. Die jungen Schauspielerinnen machte sie zu ihren Pflegetöchtern, und die verheirateten Schauspieler beköstigte sie in ihrem Hause, um sie vom Wirtshaus fernzuhalten. Eine ihrer Vorstellungen sah der Universitätsprofessor Johann Christoph Gottsched, der sich um die Pflege deutscher Sprache und Dichtkunst bemühte. Durch seine Vermittlung bekam die Truppe die Erlaubnis, für mehr als zehn Jahre ihr Standquartier in Leipzig aufzuschlagen. (Die großen Städte räumten bestimmten Truppen das Vorrecht ein, regelmäßig zu festgelegten Zeiten in den vorhandenen Theatersälen zu spielen.) Zwischen der Neuberin und Gottsched entstand eine fruchtbare Zusammenarbeit.

Gottsched und die Neuberin sagten den herrschenden Unsitten den Kampf an, und dank ihres Bündnisses schloß sich die Kluft zwischen Theater und Literatur, zwischen Volksbelustigung und der sogenannten höheren Bildung. Die Schauspieler studierten Stücke ein, lernten Verse auswendig und verzichteten auf das Stegreifspiel. Gottsched versuchte, die französische Auslegung der Regeln von den drei Einheiten – der des Ortes, der Handlung und der Zeit – auf die deutsche Bühne zu übertragen. Er übersetzte Tragödien von Corneille und Racine und nahm sie als Muster für eine deutsche Dramatik. Er gab sechs Bände der «Deutschen Schaubühne»

«Chur-Sächsische Komödiantengesellschaft»

Joseph Stranitzky

Gottfried Prehauser

Caroline Neuber

Johann Christoph Gottsched

Die «Deutsche Schaubühne»

heraus, die ein reichliches Angebot an Stücken für die Wanderbühnen bereithielten. Aber trotz des Eifers, mit dem er und die Neuberin gegen die Haupt- und Staatsaktionen und das Stegreiftheater zu Felde zogen, gelang es ihnen nur sehr zögernd, das Publikum zu gewinnen. Die Zuschauer wollten unterhalten sein und bevorzugten die deftigen Possen gegenüber den langatmigen französischen Tragödien. Gottsched drängte die Neuberin, durch einen aufsehenerregenden Streich ihren Bemühungen zu einem schnelleren Erfolg zu verhelfen. Um den Lebensnerv des Stegreiftheaters zu treffen, mußte sich der Angriff gegen den Hanswurst richten. 1737 vertrieb die Neuberin in einem eigens dafür verfaßten Spiel den Hanswurst von der Bühne. Feierlich wurde sein Name von der Bühne verbannt und eine Puppe in seinem Kostüm verbrannt.

Die Verbannung des Hanswurst

Gottsched übersah auch die Ansätze einer deutschen Theaterliteratur und beharrte starrköpfig auf der Übertragung des französischen Vorbildes, während die Neuberin als Komödiantin und aus Existenzgründen diesen akademischen Überspitzungen nicht folgen konnte. Dies führte unvermeidlich 1741 zu ihrem Zerwürfnis.

Zwar fand Gottsched nach dem Bruch mit der Neuberin andere Schauspielertruppen, mit denen er zusammenarbeitete, aber die Zahl seiner literarischen Gegner wuchs. Auch der Neuberin blieb auf ihren Reisen von Stadt zu Stadt das Glück versagt. Ihrer Truppe fehlte der Spaßmacher, der die Zuschauer herbeilockte. Aber das deutsche Theater verdankt seiner Wegbereiterin auch seinen ersten großen Dichter. Als die Neuberin 1747 wiederum in Leipzig spielte, erlaubte sie dem Studenten Gotthold Ephraim Lessing (1729–1781), kostenlos ihre Vorstellungen und Proben zu besuchen. Er übersetzte als Gegenleistung französische Stücke und überarbeitete sein Lustspiel «Der junge Gelehrte», das er während seiner Schulzeit in Meißen geschrieben hatte, und bot es der Neuberin zur Uraufführung an. Sie fand 1748 mit großem Erfolg statt.

«Der junge Gelehrte»

Lessings Bemühen um ein deutsches Nationaltheater

Gotthold Ephraim Lessing

Lessing lernte von der Neuberin «hundert wichtige Kleinigkeiten, deren ein dramatischer Dichter bedarf». Aber er genoß seinen Ruhm als angehender deutscher Theaterdichter in Leipzig nicht lange. Finanzielle Schwierigkeiten vertrieben ihn aus der Stadt. Er hatte für einige Schauspieler gebürgt, konnte aber ihre Schulden nicht begleichen, so drohte ihm der Schuldturm. Lessing flüchtete nach Berlin und begründete gemeinsam mit seinem Vetter Mylius die erste deutsche Theaterzeitschrift: «Beiträge zur Historie und Aufnahme des deutschen Theaters». Er schrieb Literaturkritiken und Stücke, von denen «Miß Sara Sampson» eine besondere Hervorhebung verdient. Es war das erste deutsche bürgerliche Trauerspiel und durchbrach Gottscheds Regel, die tragische Konflikte nur unter adligen Personen zuließ. Zum ersten Male sahen sich die Zuschauer aus dem bürgerlichen Mittelstand auf der Bühne ernst genommen. Die erfolgreiche Uraufführung 1755 in Frankfurt/Oder, in der die Zuschauer «dreieinhalb Stunden zugehört, stille gesessen wie Statuen und geweint» hatten, bestärkte Lessing in seiner Kritik an Gottsched. Er beschäftigte sich mit der englischen Literatur und lobte das Genie Shakespeares. In den Schriften und Stücken Di-

«Minna von Barnhelm» derots fand er seine Gedanken über ein bürgerliches Theater bestätigt. 1763 entstand das Lustspiel «Minna von Barnhelm oder Das Soldatenglück», das Goethe als «erstes Stück von wahrem Nationalgehalt» würdigte. Lessing gestaltete darin ein damals viele Menschen bewegendes Thema vor dem Hintergrund des Siebenjährigen Krieges: den Anspruch der Untertanen, Ehre und Recht gegen königliche Willkür zu behaupten. 1767 erschien das Stück gedruckt. Im gleichen Jahr erhielt Lessing das Angebot, in Hamburg das erste deutsche Nationaltheater mit aufzubauen und dessen Aufführungen als Kritiker und Chronist zu begleiten.

Zwölf Hamburger Kaufleute hatten sich zusammengeschlossen, um das Geld für ein ständiges Theater mit eigenem Haus bereitzustellen. Für eine Schauspielertruppe sollte die Unsicherheit des Wanderlebens beendet sein. Der Kaufmann Abel Seyler pachtete für diesen Zweck das Theater am Gänsemarkt. Daß sich die Hamburger Unternehmer an Lessing wandten, stellte ihren Absichten ein gutes Zeugnis aus. Das Theater sollte dem ausländischen und höfischen Kunstgeschmack entgegenwirken und nationalen Ansprüchen dienen. Am 22. April 1767 hob sich der Vorhang zur Eröffnungsvorstellung.

«Hamburgische Dramaturgie» Am gleichen Tag kündigte Lessing seine Schrift die «Hamburgische Dramaturgie» an, in der er den Zuschauern die Stücke erläuterte, die Autoren vorstellte und die Kunst der Darsteller würdigte.

Aber bereits einen Monat später gestand Lessing in einem Brief: «Mit unserem Theater (das im Vertrauen!) gehen eine Menge Dinge vor, die mir nicht anstehn. Es ist Uneinigkeit unter den Entrepreneurs [Unternehmern], und keiner weiß, wer Koch noch Kellner ist.» Lessings Beobachtungen bestätig-

Das Theater am
Gänsemarkt in Hamburg

Szene aus «Minna von
Barnhelm» von Lessing,
Kupferstich von Chodowiecki

ten sich sehr bald. Die Geldgeber glaubten das Recht zu haben, sich in künstlerische Fragen einzumischen. Sie machten eigene Wünsche für den Spielplan und für die Besetzungen der Rollen geltend. Vor allem war für sie das Theater ein Geschäft, an dem sie verdienen wollten. Hinzu kamen Streitigkeiten unter den Schauspielern, geschürt von der Frau Seylers, der herrschsüchtigen Madame Hensel. Ihre Machtstellung wirkte sich auch auf Lessings «Hamburgische Dramaturgie» verhängnisvoll aus. Lessing wagte eine vorsichtige Kritik an der Rollensucht dieser Schauspielerin. Sie reagierte so erbost darauf, daß Lessing, der Zänkereien überdrüssig, fortan keine darstellerische Leistung mehr beschrieb. Damit wurde nicht nur Lessings ursprünglicher Plan, Chronist dieser Bühne zu sein, zunichte, sondern auch ein wertvolles Zeugnis deutscher Theatergeschichte geschmälert. Wie genau Lessing es verstand, die Schauspieler zu beobachten, beweist seine Beurteilung des großen Schauspielers Konrad Ekhof (1720 – 1778), den man den Vater der deutschen Schauspielkunst nennt.

Konrad Ekhof und wenig später Friedrich Ludwig Schröder vertraten einen natürlichen, lebensnahen Darstellungsstil, und Figuren aus Lessings Stücken gehörten zu ihren Glanzrollen. Aber es gab zuwenig Schauspieler, die es verstanden, Charaktere darzustellen, und noch mehr mangelte es an deutschen Dramen. Die Unternehmer interessierten sich vor allem für die Theaterkasse, und das Publikum vermißte die gewohnten Ballett-, Gesangs- und Akrobatiknummern. So sah sich das erste deutsche Nationaltheater zwei Monate nach der Uraufführung von Lessings Lustspiel «Minna von Barnhelm» gezwungen, Kunststücke von Luftspringern in die Vorstellung einzubauen, um die

«Minna von Barnhelm» von   Deutschen Theater Berlin,
Lessing, Inszenierung von   1960
Wolfgang Langhoff am

Zuschauer in das Theater zu locken. Aber diese Zugeständnisse an den Publikumsgeschmack retteten das Unternehmen nicht. Bereits am Ende des Gründungsjahres mußten die Schauspieler wieder auf Wanderschaft gehen, um ihren Lebensunterhalt zu verdienen. In der letzten Vorstellung schloß die Schauspielerin Madame Löwen ihren Epilog mit dem Satz: «Ihr Deutschen, noch ein Wort: vergeßt uns Deutsche nicht.» Auch dieser Appell fiel in taube Ohren.

Der erloschene Traum eines deutschen Nationaltheaters in Hamburg

Der Reichtum der Kaufleute beruhte auf Geschäften mit England und Frankreich, für diese Länder war der Hamburger Hafen ein wichtiger Umschlagplatz ihres Handels. Das Interesse der Hamburger Bürgerschaft richtete sich nach diesen Beziehungen und erst in zweiter Linie nach deutschen Belangen. Aus dieser Erfahrung schrieb Lessing: «Der süße Traum, ein Nationaltheater hier in Hamburg zu gründen, ist schon wieder verschwunden und so viel ich diesen Ort nun habe kennen lernen, dürfte er auch wohl gerade der sein, wo ein solches Theater am spätesten in Erfüllung gehen werden wird.» Und bitter spottet er «über den gutherzigen Einfall, den Deutschen ein Nationaltheater zu schaffen, da wir Deutschen noch keine Nation sind». Lessing hatte allen Grund zu dieser Feststellung.

In etwa 350 deutschen Kleinstaaten regierten selbstherrliche Fürsten. Den Pomp des französischen Hofes nachahmend, verbrachten sie ihre Zeit auf Bällen, Jagden und anderen höfischen Vergnügungen. Mit unerträglichen Steuern mußten vor allem die Bauern die Verschwendungssucht ihrer Herren bezahlen. Doch damit nicht genug: die Fürsten verkauften Untertanen an die Söldnerheere fremder Staaten, und die Höhe der Bestechungssumme bestimmte ihre Bündnispolitik. Bot eine der drei europäischen Großmächte – Frankreich, England und Österreich – mehr Geld, wechselten sie bedenkenlos die Fronten. Großen Gewinn zogen die Fürsten aus den Zöllen, die sie an den unzähligen Grenzen erhoben. Damit hemmten sie die wirtschaftliche Entwicklung des von ihnen verachteten Bürgertums, auch indem sie den Handel mit bestimmten Waren einfach verboten.

Iffland
als Nathan der Weise

«Nathan der Weise» am
Deutschen Theater Berlin,
1966

Die weiteren Lebensumstände Lessings vermitteln ein Bild damaliger Verhältnisse. Nach dem Scheitern des Hamburger Nationaltheaters erhielt er für einen Hungerlohn eine Anstellung als Leiter der Bibliothek in Wolfenbüttel. Ausgeliefert den Launen eines Fürsten und der spießigen Enge dieser Kleinstadt, war das Leben des inzwischen größten deutschen Dichters ein «langsames Sterben» (Franz Mehring). 1772 vollendete er sein Trauerspiel «Emilia Galotti». Schauplatz der Handlung ist Italien, aber Lessings Anklage fürstlicher Willkür zielt auf deutsche Zustände. Ein Prinz stellt dem Bürgermädchen Emilia nach. Um sie in seine Gewalt zu bringen, läßt er dem Höfling Marinelli freie Hand. Emilias Verlobter wird erschossen, sie selbst in das Schloß des Prinzen verschleppt. Verzweifelt bittet sie ihren Vater, sie zu töten, um sie vor der Schande zu bewahren.

«Emilia Galotti»

«Nathan der Weise»

In der Einsamkeit seiner letzten Jahre schuf Lessing sein Meisterwerk «Nathan der Weise», in dem er seinem ungebrochenen Glauben an den Sieg der Vernunft und des Humanismus dichterischen Ausdruck verlieh.

Sturm und Drang

Ohne Lessings Kampf für eine realistische bürgerliche Theaterkunst war auch das revolutionäre Programm der jungen Dichtergeneration, die sich seit 1770 zu Wort meldete, undenkbar. Erfüllt von jugendlichem Elan und aufrührerischer Aktivität, schrieb die junge Avantgarde vorrangig Dramen, in denen sie leidenschaftlich die herrschenden Verhältnisse anprangerte. Sie wählte das Theater zu ihrem Kampfplatz, um die Bürger zu ermutigen, das feudale Joch abzuschütteln und eine bürgerliche deutsche Nation zu schaffen. Zum ersten Male entstand über die Grenzen der deutschen Länder hinweg ein gesamtnationales Bündnis bürgerlicher Schriftsteller. Ihre Bewegung erhielt den Namen «Sturm und Drang» nach dem Titel eines Theaterstücks von Friedrich Maximilian Klinger. Er gehörte neben Jakob Michael Reinhold Lenz und Heinrich Leopold Wagner in Straßburg zum Freundeskreis um Johann Gottfried Herder und Johann Wolfgang Goethe. Herder lenkte die Aufmerksamkeit der jungen Dramatiker auf die Volkspoesie, auf die Natur, und er lehrte sie, daß nicht Bildung allein den Dichter ausmacht, sondern tiefe und echte Empfindung. Sie teilten seine Auffassung, daß jede wahre Kunst auch «originalen», das heißt nationalen Charakter trägt und daß der Dichter die Verbindung zum Volk suchen muß. Nach ihrem Vorbild Shakespeare beschrieben sie, «was nur immer in einem bunten rauschenden Leben vorkommen mag».

Maximilian Klinger

Johann Gottfried Herder

«Götz von Berlichingen»

Mit den Aufführungen ihrer Stücke veränderte sich auch das Theater. Als die Kochsche Gesellschaft 1774 Goethes «Götz von Berlichingen mit der eisernen Hand» erstmalig auf die Bühne brachte, stand auf dem Theaterzettel der Vermerk: «Es soll, wie man sagt, nach Shakespearischem Geschmack abgefaßt sein. Man hätte vielleicht Bedenken getragen, solches auf die Schaubühne zu bringen, aber man hat dem Verlangen vieler Freunde nachgegeben.» Diese Vorsicht erwies sich als unbegründet, das Stück erreichte siebzehn Vorstellungen, eine für damalige Verhältnisse hohe Zahl. Durch die Darstellung eines volksverbundenen Empörers gegen Fürsten und Pfaffen – «Muster eines Ritters, tapfer und edel in seiner Freiheit und gelassen und treu im Unglück» – wollte Goethe den Deutschen ein Beispiel geben. Unmöglich konnte Götz im üblichen Kostüm mit Puffärmeln und Federbuschhelm, mit Zopf und gepuderter Perücke auf der Bühne erscheinen. Zu einem deutschen Freiheitskämpfer paßte weder die französische Hoftracht noch der zierliche Degen des Rokoko. Koch bemühte sich um die historische Echtheit der Kostüme und versuchte, dem häufigen Ortswechsel der Handlung, der die Bühnentechnik der Zeit überforderte, Rechnung zu tragen. So läßt sich auch von der Aufführung des ersten deutschen Geschichtsdramas die Einführung charakteristischer Kostüme und Dekorationen datieren.

Jakob Michael Lenz

Neben Goethe war Jakob Michael Lenz (1751 – 1792) der begabteste Dichter des Sturm und Drang. Aus eigener Erfahrung als Hauslehrer schöpfend, schrieb er das Drama «Der Hofmeister oder Die Vorteile der Privaterziehung», eine bittere Komödie über das unwürdige Leben, das ein junger Privatlehrer in Abhängigkeit von blasierten Adligen und engstirnigen Spießern führen muß. Er verstand es, «die Stände so darzustellen wie sie sind». Mit seiner gesellschaftskritischen aufrüttelnden Anklage hoffte er soziale Reformen auszulösen. Im «Hofmeister» warb er für öffentliche Schulen, und auch in seinem zweiten Stück, «Die Soldaten», in dem er die sittliche Verkommenheit adliger Offiziere in den Garnisonsstädten schilderte, schlug er ihm geeignet erscheinende Maßnahmen vor, um die Ehre bürgerlicher Mädchen und Frauen zu schützen.

«Der Hofmeister» «Die Soldaten»

Die Stürmer und Dränger erreichten ihr Ziel, die Volksmassen auf die politische Revolution vorzubereiten, nicht. Ihre Bewegung blieb eine «literarische Revolution» (Goethe), die die Regeln von den drei Einheiten endgültig über Bord warf und neue Helden in ihrer Alltagssprache auf die Bühne brachte: Kraftgenies und vorwärtsdrängende Selbsthelfer, das verführte bürgerliche Mädchen und den das Mitgefühl herausfordernden Bauern.

Die Dichter verband untereinander nicht nur geistige Verwandtschaft, sondern meist auch persönliche Freundschaft. Sie unterstützten sich gegenseitig, denn mit ihren aufrührerischen Werken verdienten sie wenig Geld. So half Goethe Klinger aus einer Notlage, indem er ihm eines seiner Manuskripte schenkte. Unter den Theatertruppen fanden sich nur zögernd Verbündete.

Der Schauspieler Friedrich Ludwig Schröder

Einer der wenigen Theaterdirektoren, der die Ideen des Sturm und Drang aufgriff und die neue Dramatik beim Publikum durchzusetzen versuchte, war der Schauspieler Friedrich Ludwig Schröder. 1771 übernahm er die Leitung der Ackermannschen Truppe, die nach dem Scheitern des Hamburger Nationaltheaters im Theater am Gänsemarkt auftrat. Schröder erhob sein Theater zum Kampfplatz der jungen bürgerlichen Avantgarde. 1775 schrieb er einen Preis für unaufgeführte deutsche Originalwerke aus. Den ersten Preis gewann Maximilian Klinger für sein Trauerspiel «Die Zwillinge». Ausgangspunkt des Stückes ist das Gesetz, wonach der Erstgeborene alles erbt und der Bruder nichts. Das ist die Ursache des Hasses unter den Zwillingsbrüdern und führt bis zum Brudermord.

Preis für deutsche Originalwerke

Neben vielen anderen, heute vergessenen Dramen spielte Schröder von Goethe «Clavigo», «Götz von Berlichingen», «Stella»; von Schiller «Die Räuber», «Kabale und Liebe», «Fiesco» und «Don Carlos»; von Lenz den «Hofmeister». Leider honorierten die Zuschauer diesen verdienstvollen Spielplan nicht oder nur spärlich. Doch Schröder ließ sich nicht entmutigen. Er versammelte um sich einen Kreis kunstbeflissener Hamburger Bürger, der auch während der Vorstellungen von den vorderen Reihen des Parketts aus den Applaus anfeuerte oder Mißfallen des Publikums zum Schweigen

Shakespeare in
originalgetreuen
Übersetzungen

brachte. Für die Unnachgiebigkeit Schröders zeugt ebenfalls sein Bemühen, Shakespeare in textgetreuen Übersetzungen dem Publikum schmackhaft zu machen. Das war ohne Zugeständnisse fast unmöglich. Als die Zuschauer über Hamlets Tod empört protestierten, ließ er ihn am Leben und die Regentschaft übernehmen. Über die Wirkung des «Othello» berichtet die Hamburger Theaterchronik: «Ohnmacht über Ohnmacht erfolgten während der Greuelszenen dieser ersten Vorstellung. Die Logentüren klappten auf und zu, man ging davon oder ward notfalls davon getragen und (beglaubten Nachrichten zufolge) war die frühzeitige mißglückte Niederkunft dieser und jener namhaften Hamburgerin Folge der Ansicht und Anhörung des übertragischen Trauerspiels.» Als das Publikum der zweiten Vorstellung fernblieb, sah sich Schröder zu Änderungen und Milderungen gezwungen: Othello bereute seinen Irrtum und versöhnte sich mit Desdemona. So konnte die dritte Vorstellung wieder vor voll besetztem Haus gegeben werden. Allmählich und hartnäckig erzog Schröder die Hamburger für den Anspruch seiner Bühne. Nach der Aufführung von «Heinrich IV.» beantwortete er die ablehnende Haltung des Publikums mit den Worten: «In der Hoffnung, daß dieses Meisterwerk Shakespeares, welches Sitten schildert, die von den unsrigen abweichen, immer besser wird verstanden werden, wird es morgen wiederholt.»

Schröder konnte es wagen, den Zuschauern so gegenüberzutreten, weil eine Reihe von Schauspielern seines Ensembles sich großer Beliebtheit erfreuten. Zweifellos war das sein Verdienst, denn so wie er selbst ständig an der Ver-

Johann Franz Hieronymus Brockmann (1745–1812) als Hamlet.
Zunächst ein mittelmäßiger Schauspieler, erlangte er durch Schröders Schule innerhalb von zwei Jahren als Darsteller des Hamlet eine solche Berühmtheit, daß man von ihm in Berlin eine Gedenkmünze prägen ließ

vollkommnung seiner Darstellungskunst arbeitete, so widmete er sich mit gleicher Hingabe der Ausbildung seiner Schauspieler, für die er Formen des Ausdrucks von Gefühlen festlegte: zum Beispiel wie man verzweifelt die Hände ringt oder beteuernd die Hand aufs Herz legt. Natürliches Spiel, Reichtum an Gebärden und Mimik charakterisierten seine Kunst. Sein Spiel glich dem leidenschaftlichen Ausbruch der Sturm-und-Drang-Dichtung. Schröder war nicht nur ein glänzender Schauspieler und ein umsichtiger Theaterleiter, er schrieb und übersetzte auch Stücke. Als einige der herausragendsten Schauspieler seines Ensembles das Theater verließen und Geld- und Rollenforderungen anderer Darsteller ihn bedrängten und verdrossen, löste er die Truppe auf und ging 1780 an das neugegründete Nationaltheater nach Wien.

Bevor er sein Engagement als Schauspieler in Wien antrat, gastierte er in neun seiner Glanzrollen in Mannheim, wo der Intendant, Freiherr von Dalberg, eine Truppe begabter Schauspieler versammelt hatte, um den Plan eines deutschen Nationaltheaters zu verwirklichen. Zu diesem Ensemble gehörten drei junge Schauspieler – Beil, Beck und Iffland –, die Schröders Darstellungskunst so begeisterte, daß sie Elemente seiner ausdrucksvollen Spielweise übernahmen. Als entlaufene Bürgersöhne besaßen sie eine höhere Bildung als die meisten ihrer Kollegen, ihre Bühnenlaufbahn begannen sie bei dem Altmeister der deutschen Schauspielkunst Conrad Ekhof, dessen Grundsätze für die Theaterleitung auch bei der Organisierung des Mannheimer Unternehmens Pate standen. Ein gewählter Ausschuß, der sich vierzehntägig zusammenfand, beriet Fragen des Spielplans und der Schauspielkunst, kritisierte die Aufführungen und behandelte Klagen und Streitigkeiten der Schauspieler.

Am 13. Januar 1782 hob sich der Vorhang zu einem ungewöhnlichen, vom Publikum mit Spannung erwarteten Ereignis – der Uraufführung der «Räuber» von Friedrich Schiller. Ein Jahr zuvor erschien das Stück im Druck und war seither in aller Munde. «Aus der ganzen Umgegend, von Heidelberg, Darmstadt, Frankfurt, Mainz, Worms, Speyer usw. waren die Leute zu Roß und Wagen herbeigeströmt, um dieses berüchtigte Stück zu sehen», schrieb Schillers Freund Andreas Streicher, und, wie ein Bericht eines Premierenbesuchers bezeugt, die Zuschauer kamen auf ihre Kosten. «Das Theater glich einem Irrenhaus, rollende Augen, geballte Fäuste, stampfende Füße, heisere Schreie im Zuschauerraum. Fremde Menschen fielen einander schluchzend in die Arme, Frauen wankten, einer Ohnmacht nahe, zur Tür. Es war eine allgemeine Auflösung wie im Chaos, aus dessen Nebeln eine neue Schöpfung hervorbricht.» Obwohl Dalberg aus politischer Rücksichtnahme von Schiller verlangt hatte, die Handlung in das Jahr 1495 zurückzuverlegen, als «Kaiser Maximilian den ewigen Landfrieden stiftete», verstanden die Zuschauer Schillers Aufruf zur allgemeinen Empörung gegen ihre gegenwärtigen Herren. Nicht nur Schiller, auch die Schauspieler sträubten sich gegen Dalbergs Eingriffe in das Stück, und Iffland, der Darsteller des Franz Moor, ließ sich nicht hindern, doch im zeitgenössischen Kostüm aufzutreten.

Unerkannt wohnte Schiller der Vorstellung bei, denn der Herzog von Württemberg, in dessen Diensten Schiller als Regimentsarzt stand, durfte von seinem heimlichen Besuch in Mannheim nichts erfahren. Das Theater bezahlte ihm lediglich die Reisekosten. Nachdem sich Schiller zwei weitere Male ohne Urlaub aus Stuttgart entfernt hatte, bestrafte ihn der Herzog mit Arrest und

Conrad Ekhof

Friedrich Schiller

«Die Räuber»

verbot ihm, künftig irgend etwas anderes als medizinische Schriften drucken zu lassen sowie jegliche Verbindung mit dem «Ausland». Empört über das Verbot, «von seinen Naturgaben Gebrauch zu machen», entschloß sich Schiller im September 1782 zur Flucht aus Stuttgart. Sein Freund Andreas Streicher begleitete ihn. Dieser schildert uns die näheren Umstände: «Im Reisegepäck verstaut waren Shakespeares Werke, zwei Pistolen, beide nur mit frommen Wünschen für Sicherheit und glückliches Fortkommen geladen» —

«Fiesco»

und der unvollendete «Fiesco», Schillers Hoffnung auf eine neue Existenz. Bald nach seiner Ankunft in Mannheim las er das Stück dem künstlerischen Vorstand des Theaters vor und stieß auf Ablehnung. Regisseur Meyer rechtfertigte die Meinung der Schauspieler: «Aber wissen Sie auch, was schuld daran ist, daß ich und alle Zuhörer es für das allerelendste Machwerk hielten? Schillers schwäbische Aussprache und die verwünschte Art, wie er alles deklamiert. Er sagt alles in dem nämlichen hochtrabenden Ton daher . . .» Noch ein ganzes Jahr mußte Schiller auf eine Anstellung als Theaterdichter warten. So lebte Schiller notdürftig von der Hilfe seiner Freunde und weniger Gönner, ständig in Furcht vor seiner Auslieferung an den Herzog von Würt-

«Kabale und Liebe»

temberg. In Bauerbach bei Meiningen fand er im Hause von Henriette von Wolzogen vorübergehend Ruhe. Hier schrieb er das bürgerliche Trauerspiel «Luise Millerin», das auf Ifflands Vorschlag später den Titel «Kabale und Liebe» bekam. Außerdem beschäftigte er sich mit ersten szenischen Entwürfen zu «Don Carlos».

1784 erreichte der «Fiesco» einen mäßigen, «Kabale und Liebe» hingegen einen stürmischen Publikumserfolg. Die Liebestragödie des bürgerlichen Mädchens Luise und des adligen Jünglings Ferdinand erschütterte die Zuschauer um so mehr, da sie sich nicht irgendwo und irgendwann, sondern gleichsam vor ihren Augen zutrug. Schauplatz des Geschehens war die deutsche Wirklichkeit, in der sich der Adel und das Bürgertum als zwei feindliche Welten gegenüberstanden. Der Hof, beherrscht von Machtgier und Standes-

Iffland als Franz Moor in Schillers «Die Räuber»

Zeitgenössische Darstellung zu Schillers «Die Räuber». Karl Moor befreit seinen Vater aus dem Hungerturm, in den ihn sein Bruder sperren ließ

Szenen aus «Kabale und
Liebe», Kupferstich von
Chodowiecki

dünkel, versucht durch Kabale, durch Intrigen und Ränkespiel die «unnatürliche» Verbindung der Liebenden zu verhindern. Das bürgerliche Mädchen wehrt sich dagegen kraft ihres Wertgefühls, ihrer menschlichen Würde. Das tragische Ende des Liebespaares vergegenwärtigte den Zuschauern die niederdrückenden gesellschaftlichen Verhältnisse, in denen sie lebten. In einer Szene beklagt ein alter Kammerdiener den Verkauf seiner Söhne an ein Söldnerheer in Amerika. Sie ist ein scharfer Angriff auf die Politik deutscher Fürsten, die sich am Schacher mit Untertanen bereicherten.

«Die Schaubühne als eine moralische Anstalt betrachtet»

Schiller war überzeugt, daß das Theater die Macht hat – wenn es ein offener Spiegel des menschlichen Lebens ist –, die Menschen zu erziehen und für den Kampf um die nationale Einheit zu befähigen. Diese Gedanken legte er auch in einer Rede zu dem Thema «Was kann eine gut stehende Schaubühne eigentlich bewirken?» vor der kurpfälzischen Deutschen Gesellschaft dar. Sie erschien später unter dem Titel «Die Schaubühne als eine moralische Anstalt betrachtet».

Aber bald mußte Schiller seine Hoffnung, ein deutsches Nationaltheater mit zu schaffen, in Mannheim begraben. Iffland entdeckte sein Dichtertalent. Er verfaßte rührselige unverbindliche Schauspiele, eine Kost, die das Publikum leichter verdaute als die revolutionären Ansichten seines Theaterdichters. Auch dem adligen Intendanten behagten diese Aufführungen mehr, denn sie ersparten ihm das spektakuläre Aufsehen und das Mißfallen in «höheren Kreisen», das Schillers Dramen überall hervorriefen. Als das dritte Stück ausblieb, das Schiller binnen Jahresfrist zu liefern hatte, bot sich der Vorwand, den Vertrag aufzukündigen. Der Intendant ließ Schiller durch den Theaterarzt fragen, ob er nicht zur Medizin zurückkehren wolle.

Ebenso arm, wie er zwei Jahre zuvor als Flüchtling ankam, verließ Schiller im April 1785 Mannheim, um einer Einladung seiner Freunde nach Leipzig zu folgen. Viele Jahre vergingen, ehe er sich wieder mit dem Theater einließ. Dazu bedurfte es erst der Begegnung mit Goethe. Ihrer Freundschaft verdankt das deutsche Theater seine klassische Ausprägung und erstmalig einen internationalen Rang.

Goethe war 1775 nach Weimar übergesiedelt, als der Herzog Carl August die Regentschaft übernahm. Der achtzehnjährige Herzog schwärmte für den berühmten Dichter und bevorzugte seine Gesellschaft bei den zahlreichen Vergnügungen am Hofe, auf der Jagd und auf seinen Streifzügen durch die Dorfgasthöfe. Goethe sorgte für den Zeitvertreib der herzoglichen Familie und widmete sich mit Feuereifer dem Liebhabertheater.

Johann Wolfgang Goethe

Der Kreis um die Herzogin Anna Amalia veranstaltete zur eigenen Unterhaltung theatralische Spiele in Weimar, im Schloßtheater Ettersburg, am Lagerfeuer im Park des Tiefurter Schlosses und an den Ufern der Ilm. Für diese Liebhaberbühne schrieb und bearbeitete Goethe Stücke, Fastnachts- und Singspiele, wirkte selbst als Schauspieler mit und kümmerte sich um Dekorationen und Kostüme. Auf diese Weise sammelte er Erfahrungen, die ihm später als Theaterdirektor zugute kamen.

Staatsgeschäfte

Aber auch an den Staatsgeschäften war er beteiligt. Gegen den Willen des Adels berief ihn der Herzog in den Geheimen Rat, der die ökonomischen und politischen Geschicke des Ländchens lenkte. Goethe übernahm mehrere Ämter in der Hoffnung, durch seinen Einfluß auf den Herzog, über Reformen politische Veränderungen durchzusetzen. Bald zog er sich enttäuscht zurück und reiste 1786 nach Italien. Eineinhalb Jahre genoß Goethe in Italien

«Egmont»

das «unvergleichliche Glück der vollen Bewegungsfreiheit». Er bereiste das Land, studierte die Kunst des Altertums, arbeitete sein Schauspiel «Iphigenie auf Tauris» zum vierten Male um und vollendete das Trauerspiel «Egmont», in dem er einem historischen Ereignis, dem Freiheitskampf der Niederländer gegen die spanische Fremdherrschaft von 1566/68, dichterische Gestalt verleiht. Egmont, seinem Volke aufs engste verbunden, aber sorglos im Umgang mit dem Feind, versäumte es, sich an die Spitze des Aufstandes zu stellen. Er folgt einer Einladung Herzog Albas, den Philipp II. nach Brüssel entsandt hatte, um den Aufruhr zu ersticken. Alba läßt Egmont verhaften und zum Tode verurteilen. Vergeblich hofft Egmont im Gefängnis auf die Hilfe seiner Freunde, auf Rettung durch das Volk. Vor seiner Hinrichtung erscheint ihm im Traum seine Geliebte, das Bürgermädchen Klärchen, als Verkörperung der Freiheit.

Das deutsche Theater in seiner klassischen Ausprägung

1791 übernahm Goethe die Direktion des Weimarer Hoftheaters. Anfangs schenkte er diesem Amt keine allzu große Aufmerksamkeit. Erst durch die nähere Bekanntschaft mit Schiller wurde das Theater wesentlicher Gegenstand gemeinsamer Interessen. Im Juli 1794 trafen sie in Jena im Hause Schillers zusammen. Wenige Wochen später antwortete Goethe auf einen Brief Schillers: «Zu meinem Geburtstage, der mir diese Woche erscheint,

Das Weimarer Hoftheater
nach dem Umbau, 1798

hätte mir kein angenehmeres Geschenk werden können als Ihr Brief, in welchem Sie, mit freundlicher Hand, die Summe meiner Existenz ziehen und mich durch Ihre Teilnahme zu einem emsigern und lebhafteren Gebrauch meiner Kräfte ermuntern.»

Goethes Einladung an Schiller

Goethe lädt Schiller nach Weimar ein, und vierzehn Tage lang erörtern sie die Möglichkeiten ihrer Zusammenarbeit. Sie entwerfen den Plan für eine literarische Arbeitsgemeinschaft, um ein Zentrum der nationalen Literatur zu schaffen. Dafür wollen sie auch den Umstand, daß Goethe das Theater leitet, nutzen. Beide hatten erlebt, wie Mitte der achtziger Jahre die Erwartungen der Dichter des Sturm und Drang, mit ihren Werken die bürgerliche «Weltwende» zu beschleunigen, scheiterten. Sie erwiesen sich angesichts der gesellschaftlichen Wirklichkeit als illusionär: Nicht das Ende des Feudalsystems stand in Deutschland bevor, sondern seine gefestigte Erneuerung. Diese Erkenntnis verursachte bei beiden eine tiefe Schaffenskrise. Der Ausbruch und der Verlauf der Französischen Revolution von 1789 – die Schiller begeistert, Goethe hingegen zurückhaltend verfolgt hatte – zeigten, daß das angestrebte Ideal von einer freien Menschengemeinschaft nicht zu verwirklichen war. Dieses Ereignis aktivierte ihr Denken in einer neuen Richtung. Sie gaben ihr Vertrauen in die Kraft des Menschen, die Vorgänge in der Natur und in der Gesellschaft zu beherrschen, in ihren Werken nicht preis, wenngleich die deutsche Wirklichkeit dafür wenig Anhaltspunkte bot. Das schöpferische Handeln des Menschen, sein bewußtes Einwirken auf die Lebenspraxis, wurde zum Grundanliegen ihrer Kunst. «Des Menschen größtes Verdienst bleibt wohl, wenn er die Umstände soviel als möglich bestimmt und sich so-

Der Krönungszug aus der Berliner Aufführung der «Jungfrau von Orleans», 1804

Iffland, der seit 1796 das Königliche Nationaltheater in Berlin leitete, bot 200 Darsteller dafür auf.

Schiller vermerkte kritisch, man habe den «Zug» und nicht die «Jungfrau» gegeben

wenig als möglich von ihnen bestimmen läßt», schrieb Goethe. Und er fuhr fort: «Das ganze Weltwesen liegt vor uns wie ein großer Steinbruch vor dem Baumeister, der nur dann diesen Namen verdient, wenn er aus diesen zufälligen Naturmassen ein in seinem Geist entsprungenes Urbild mit der größten Ökonomie, Zweckmäßigkeit und Festigkeit zusammenstellt . . . tief in uns liegt diese Kraft, die das zu erschaffen vermag, was sein soll . . .»

Goethe und Schiller fanden ihre Überzeugung in dem klassischen griechischen Humanitäts- und Schönheitsideal bestätigt. Durch dessen Wiedererweckung beabsichtigten sie, auf die Menschen erzieherisch und bildend einzuwirken.

Dieses Ideal übertrugen sie auch auf das Theater. Sie strebten die Ausgewogenheit des Spiels an, das sich zu einem malerischen Bild zusammenfügt. Die Schauspieler sollten nicht die Natur nachahmen, sondern durch maßvolle Gestik und Deklamation der Verse ein Kunstwerk darbieten. Nicht die Gefühlsausbrüche und verzweifelten Schreie, mit denen Schröder das Publikum erregte, sondern die graziöse Gewandtheit und die würdevolle Haltung Ifflands wurden zum Vorbild für den Weimarer Darstellungsstil. 1796 übernahm Iffland die Hauptrolle in der Aufführung des «Egmont», außerdem umfaßte sein Gastspiel vierzehn seiner Glanzrollen.

Goethe bedauerte, daß Iffland eine feste Bindung an das Weimarer Theater ausschlug, denn er schätzte seine Ausstrahlung auf das eigene Ensemble. «Groß war der Einfluß seiner Gegenwart, seines belehrenden, hinreißenden,

Ifflands Gastspiel

Zeitgenössische Darstellung der Aufführung von Schillers «Wallensteins Lager», unter der Regie von Goethe am 12.10.1798 aus Anlaß der Wiedereröffnung des umgebauten Theaters uraufgeführt

unschätzbaren Beispiels, denn jeder Mitspielende mußte sich an ihm prüfen, indem er mit ihm wetteiferte, auch gab seine Anwesenheit Grund zur Aufführung bedeutender Stücke, zur Bereicherung des Repertoires und Anlaß, das Wünschenswerte näher kennen zu lernen.»

Der literarische Anspruch ihres Spielplanes zwang Goethe und Schiller, der praktischen Arbeit mit den Schauspielern viel Zeit zu widmen. Zur Ausbildung junger Schauspieler errichtete Goethe eine Art Theaterschule, für die er als Unterrichtshilfe Regeln aufstellte. Sie behandeln handwerkliche Fragen, wie Sprechtechnik, Körperhaltung, Gestik, Ensemblespiel und Formen des Anstandes, der Kultur auf der Bühne und im Leben.

«Wallenstein»

Ihre Leistungsfähigkeit bewies die Weimarer Schule bei der Uraufführung der Wallenstein-Trilogie von Schiller unter der Regie Goethes. «Wallensteins Lager» hatte am 12. Oktober 1798 anläßlich der Eröffnung des umgebauten Schauspielhauses Premiere; im Abstand von jeweils drei Monaten folgten «Die Piccolomini» und «Wallensteins Tod». Der Erfolg der Aufführungen, durch die mit historischer Genauigkeit ein eindrucksvolles Bild des Dreißigjährigen Krieges auf der Bühne entstand, beflügelte die Freunde. Schiller zog endgültig nach Weimar, um Goethe in der täglichen Theaterarbeit noch mehr zu unterstützen.

Weimar zählte zur damaligen Zeit sechstausend Einwohner – als «ein Mittelding von Hofstadt und Dorf" bezeichnete Herder die Stadt –, dem entsprach auch der geistige Horizont der überwiegenden Mehrheit des Theater-

Gemälde nach Schillers
«Braut von Messina»,
inszeniert von Goethe

Tägliche Theaterarbeit

publikums. Goethe und Schiller wehrten sich gegen den schlechten Geschmack des Publikums, den Goethe sogar öffentlich tadelte. Als die Zuschauer in einer Tragödie lachten, rief er empört: «Man lache nicht!» Jenaer Studenten gebot er Ruhe, andernfalls drohte er, sie von den wachhabenden Husaren aus dem Zuschauerraum werfen zu lassen. Trotz dieses Unverständnisses arbeiteten die Freunde intensiv am Aufbau eines anspruchsvollen Spielplanes. Sie übersetzten und bearbeiteten Stücke unter anderen von Voltaire, Molière, Beaumarchais, Shakespeare, Calderon und Goldoni. Sie entwarfen

Modell eines weltoffenen Spielplanes

damit das Modell eines weltoffenen Spielplanes, das in seinen Grundzügen bis heute gültig ist, und erschlossen dem deutschen Theater die besten Werke anderer Völker. (Goethe prägte den Begriff Weltliteratur)

Gegenseitige Förderung

Aber auch in ihrem eigenen schriftstellerischen Schaffen halfen sie sich durch Zuspruch und Kritik.

So schrieb Schiller an Goethe, während er am Wallenstein arbeitete: «Ich finde augenscheinlich, daß ich über mich hinausgegangen bin, welches Frucht unseres Umgangs ist . . .» Ähnliche Äußerungen gibt es von beiden auch zu anderen ihrer Werke. Beispielsweise ermutigte Schiller den Freund, die

Dieter Franke als Mephisto
und Fred Düren als Faust am
Deutschen Theater Berlin,
1968

Arbeit am «Faust»

Arbeit am «Faust» wiederaufzunehmen, von dem bereits zwei Fassungen existierten (Urfaust und Faust, ein Fragment). Goethe wiederum überließ Schiller den Stoff zu «Wilhelm Tell».

«Demetrius»

Nach Schillers Tod 1805 versuchte Goethe, allein das gemeinsame Werk fortzusetzen. Er bemühte sich, den «Demetrius» von Schiller, über den sie oft gesprochen hatten, zu vollenden. «Unsere gemeinsamen Freunde hofft' ich zu verbinden; das deutsche Theater, für welches wir bisher gemeinschaftlich, er dichtend und bestimmend, ich belehrend, übend und ausführend, gearbeitet hatten, sollte bis zur Herankunft eines frischen ähnlichen Geistes durch seinen Abschied nicht ganz verwaist sein.» Als es ihm nicht gelang, Schillers Stück zu beenden, empfand er den Verlust seines Freundes doppelt: «Nun war mir Schiller eigentlich erst entrissen, sein Umgang erst versagt . . ., unleidlicher Schmerz ergriff mich.»

Obwohl Goethe noch bis 1817 das Theater leitete, ließ sein Interesse daran immer mehr nach. Seine Zweifel an der erzieherischen Wirkung des Theaters wuchsen, auch fesselte ihn die Arbeit am Faust.

Neben den Werken von Lessing, Goethe und Schiller stehen im klassischen

Historischer Bilderbogen
zu Dr. Faust, nach dem
Volksbuch

Heinrich Kleist

Repertoire unserer Bühnen häufig zwei Namen: Heinrich Kleist (1777–1811) und Georg Büchner (1813–1837). Obwohl beide Dichter noch Zeitgenossen Goethes sind, gehört jeder von ihnen nicht nur einer anderen Generation an, sondern auch jeweils zu einer anderen historischen Erfahrung, die sich in ihren Dramen spiegelt.

Kleists Komödie «Der zerbrochne Krug» zählt neben Lessings «Minna von Barnhelm» zu den besten deutschen Lustspielen. Der Dorfrichter Adam hat die Tat selbst begangen, über die er richten soll. Frau Marthe verklagt den Verlobten ihrer Tochter, einen ihr kostbaren Krug zerbrochen zu haben, als er nachts aus Evchens Kammer floh. Doch der Beschuldigte, der nicht am «Tatort» war, bezichtigt Evchen der Untreue mit einem Flickschuster.

«Prinz Friedrich von Homburg» von Heinrich Kleist, Zeichnung des Herzogs Georg II.
Der theaterbegeisterte Herzog von Sachsen-Meiningen begann 1866 seine Theaterreform. Besondere Aufmerksamkeit widmete er dem Ensemblespiel – selbst wenn große Massen auf der Bühne zu bewegen waren, hatte auch der letzte Statist eine genau durchdachte Rollenaufgabe. Großen Wert legte er auf die historische Echtheit des Bühnenbildes und der Kostüme

Therese Giehse als Marthe in «Der zerbrochne Krug» von Heinrich Kleist.

Sie führte auch Regie bei dieser Inszenierung am Berliner Ensemble, 1952

Gisela May und Fred Düren in «Woyzek» von Georg Büchner, Inszenierung Wolfgang Langhoff, Deutsches Theater Berlin, 1958

«Der zerbrochne Krug» Richter Adam greift jede dieser Anschuldigungen auf, um das Verfahren so schnell als möglich abzuschließen. Doch ein Amtsrichter, den die Eilfertigkeit Adams stutzig macht, fordert Evchens Zeugenaussage. Es kommt heraus, daß Richter Adam ihr ein Krankenattest für ihren Verlobten versprach, das ihn von einem angeblichen Kriegsdienst in Ostindien befreien sollte, wenn sie sich ihm hingebe.

Obwohl die Handlung in den Niederlanden angesiedelt ist, trifft sie die damalige deutsche Gerichtsbarkeit mit ihren Methoden der Einschüchterung, Erpressung, Bestechung und der Verdummung des Volkes.

Die Uraufführung 1808 in Weimar wurde ein Mißerfolg, den Goethe selbst mit verursachte, indem er die in sich geschlossene Geschichte einer Gerichts-

Inge Keller, Christian Grashoff und Dieter Mann in «Dantons Tod» von

Georg Büchner, Deutsches Theater Berlin, 1981, Regie: Alexander Lang

«Prinz Friedrich von Homburg»

verhandlung in drei Akte einteilte. Aber auch den Schauspielern war die Machart des Stückes neu, und noch viel weniger wußte das kleinstädtische Weimarer Publikum etwas damit anzufangen. Die übrigen Dramen Kleists kamen zu seinen Lebzeiten überhaupt nicht auf die Bühne. Ein Jahr vor seinem selbstgewählten Tode schrieb er das Schauspiel «Prinz Friedrich von Homburg», in dem er vor dem Hintergrund des nationalen Befreiungskampfes gegen die französische Besetzung zeigt, daß persönliches Rechtsempfinden und die herrschenden Gesetze in Preußen unvereinbar waren. Selbst die «Scherze» der Mächtigen sind grausam: Obwohl der Kurfürst unter dem Druck der Umstände das Todesurteil zerreißt, läßt er den Prinzen scheinbar zur Hinrichtung führen. Besonders in dieser Szene sahen die Betroffenen eine Verunglimpfung des preußischen Herrscherhauses. Das Stück durfte weder aufgeführt noch gedruckt werden. Erst das Ensemble des Meininger Hoftheaters brachte die Stücke Kleists auf der Bühne zur Wirkung, indem es die Werke im Original und nicht verstümmelt spielte.

Auch Georg Büchners Dramen kamen erst über fünfzig Jahre nach seinem Tode zur Aufführung. Wie Heinrich Heine erkannte er die Notwendigkeit, die gesellschaftlichen Verhältnisse revolutionär zu verändern. In seinem Flugblatt «Der Hessische Landbote», das 15 Jahre vor dem Kommunistischen Manifest erschien, rief er den Bauern zu: Krieg den Palästen! Friede den Hütten!

Georg Büchner

«Dantons Tod»

Als Medizinstudent in Gießen gründete er die «Gesellschaft der Menschenrechte» mit dem Ziel, eine breite Volksbewegung zu schaffen. Die Organisation wurde verraten, Büchner zur politischen Untätigkeit gezwungen. Während Spitzel der Polizei ihn in seinem Elternhaus bewachten, schrieb er 1835 in fünf Wochen die Tragödie «Dantons Tod».

Anhand des Konfliktes zwischen Danton und Robespierre setzt sich Büchner mit Problemen der bürgerlich-demokratischen Revolution auseinander. Danton lehnt die Weiterführung der Revolution durch eine radikal-demokratische Diktatur ab, die Robespierre durchsetzen möchte. Er genießt die Früchte des Erreichten und gerät somit objektiv auf die Seite der Großbourgeoisie. Das Revolutionstribunal verurteilt Danton zum Tode. Aber auch seine Gegenspieler Robespierre und Saint-Just müssen letztlich scheitern, weil sie nicht in der Lage sind, die Ausbeutung des Volkes zu beseitigen. Als das Volk von Paris Danton verdammt und Robespierre zustimmt, hungert es noch immer.

«Woyzeck»

1836 ließ sich Büchner in Zürich nieder. Hier schrieb er sein Lustspiel «Leonce und Lena» und «Woyzeck», die Tragödie eines armen geschundenen und gedemütigten Stadtsoldaten, der keinen anderen Ausweg weiß, als seine Liebste zu ermorden, um sich einen Rest seiner Menschenwürde zu bewahren. Ein weiteres Drama «Pietro Aretino» und andere Manuskripte aus dem Nachlaß verbrannte Büchners Braut wegen darin enthaltener gotteslästerlicher Äußerungen. Im Alter von 25 Jahren wurde Büchner das Opfer einer Typhusepidemie.

Endlich, zu seinem 100. Geburtstag, gelangten seine Stücke zur Aufführung. Besonders Max Reinhardts (1873–1943) Inszenierungen am Deutschen Theater verschafften dem Dichter den verdienten Ruhm. 1916 brachte Reinhardt «Dantons Tod» heraus. In einer großartigen Massenregie erhob er das Volk zum Hauptdarsteller der Revolution. Erst nach seiner Inszenierung des Stückes, 1921, setzte sich auch «Woyzeck» auf den deutschen Bühnen durch.

Das russische Theater und der Theateroktober

Leibeigenentheater

Der russische Adel ahmte auf seinen Gütern die zaristische Hofhaltung in Petersburg nach und versuchte, sich in Macht- und Prachtentfaltung gegenseitig zu übertrumpfen. Wandernde Schauspielertruppen, die man hätte zur Ausstattung von Festen und Vergnügungen heranziehen können, gab es in Rußland nicht. Aber die Fürsten und die reichen Gutsbesitzer wußten sich zu helfen. Sie formierten aus ihren Leibeigenen Theaterensembles, um in ihren Stadtpalästen und auf ihren Landsitzen mit Ballett-, Schauspiel- und Opernaufführungen zu glänzen. In kurzer Zeit entstanden annähernd 100 solcher Leibeigenentheater, und ihre ehrgeizigen Besitzer wetteiferten miteinander um das beste Ensemble. Die Leibeigenen lernten in der Theatertruppe nicht nur Lesen und Schreiben, Singen und Tanzen, sondern auch Französisch und

«Die drei Schwestern» von Anton Tschechow, seit der Uraufführung 1901 eines der meistgespielten Stücke am Moskauer Akademischen Künstlertheater

Ausländische Stücke bevorzugt

Italienisch, denn wie am Hofe bevorzugte die «feine Gesellschaft» ausländische Stücke. Oft diente auch die in Aussicht gestellte Freiheit den Leibeigenen als Ansporn für die Ausbildung des eigenen Talents. Trotz ihres Wissens und Könnens waren die leibeigenen Schauspieler, Sänger und Tänzer völlig den Launen ihrer Herren ausgeliefert. Wenn sie auf der Bühne versagten, erhielten sie Prügel. So ließ Fürst Jasenski eine Hauptdarstellerin nach der Vorstellung auspeitschen, weil ihm ihr Spiel mißfiel. Brauchte ein Fürst Geld, verkaufte er kurzerhand einige seiner Schauspieler.

Ballettaufführungen, Opern und lebende Bilder in antiken Gewändern erfreuten sich besonderer Beliebtheit. Die russische Dramatik wurde durch das Leibeigenentheater kaum gefördert. Aber es brachte eine Vielzahl von darstellerischen Begabungen aus dem Volke hervor, auf die sich das künftige russische Nationaltheater stützen konnte.

Ein historisches Ereignis begünstigte in der ersten Hälfte des 19. Jahrhunderts die Entwicklung des russischen Theaters. Der Sieg über Napoleon von 1812 stärkte die patriotischen Kräfte und weckte im Volke das Gefühl der Freiheit und der nationalen Unabhängigkeit. Um so quälender empfand es die zaristische Selbstherrschaft, die alle fortschrittlichen Bestrebungen zu ersticken versuchte. Die Gutsbesitzer erhöhten den Obrok (den Fronzins in Form von Geld oder Naturalien) und die Barstschina (den Frondienst), um die im Krieg ruinierte Landwirtschaft auf Kosten der Bauern wiederherzustellen. Die verstärkte Ausbeutung der leibeigenen Bauern, die bereits während des Krieges am meisten gelitten hatten, führte zu zahlreichen Unruhen, die das zaristische Militär erbarmungslos niederschlug. Da diese Bauernerhebungen ohne eine einheitliche Führung erfolgten und das russische Bürgertum aufgrund der schleppenden wirtschaftlichen Entwicklung zu schwach war, stellten sich fortschrittliche und gebildete junge Adlige an die Spitze der revolutionären Bewegung. Sie gründeten Geheimbünde und planten mit Hilfe der Armee einen Staatsstreich. Dabei begingen sie den Dekabristenaufstand
Fehler, die Volksmassen nicht zu beteiligen. Der unerwartete Tod des Zaren veranlaßte sie, die Vorbereitungen zum Aufstand zu beschleunigen, um am 14. Dezember 1825, am Tage der Vereidigung des neuen Zaren Nikolaus, loszuschlagen. Der Aufstand der Dekabristen scheiterte (Dekabr = Dezember). Nikolaus I. errichtete sein grausames Regime. Die Führer der Dekabristen wurden hingerichtet, ihre Anhänger zu lebenslänglicher Zwangsarbeit nach Sibirien verbannt. Trotz der Niederlage genossen sie das Mitgefühl und die Sympathie aller fortschrittlichen Kräfte, so daß die Bestrebungen nach Freiheit und Veränderungen wuchsen. Aber es gab nur eine Möglichkeit, diese Gedanken öffentlich zu äußern: in den Werken der Literatur und Kunst. Der Zar antwortete darauf mit dem Gesetz, nach dem ein Werk oder eine Schrift nur dann verbreitet oder gedruckt werden durfte, wenn es die berüchtigte Abteilung III der höchsteigenen Kanzlei Seiner Majestät erlaubte. Sie «zensierte» die Texte, verstümmelte sie durch Streichungen oder verbot sie ganz und gar. Die Autoren wurden verfolgt, verbannt oder dem Henker ausgeliefert.

Auch Alexander Puschkin (1799 – 1837), der dazu berufen war, «der erste wahrhaft künstlerische Dichter Rußlands zu werden», litt unter Verbannung und Polizeiaufsicht. Mit Duldung des zaristischen Hofes tötete ihn ein Baron im Duell. Puschkin schöpfte aus dem Reichtum russischer Volkslieder und -märchen. Er lebte mit den Bauern und studierte die Geschichte seines Va-

Alexander Puschkin

terlandes. In seinem Werk entsteht «die russische Natur, die russische Seele, die russische Sprache und der russische Charakter mit jener Reinheit und geläuterten Schönheit, mit der sich eine Landschaft auf der Wölbung eines optischen Glases spiegelt» (Gogol). Im Unterschied zu den Dekabristen, mit denen er freundschaftliche Beziehungen unterhielt, anerkannte er das Volk als die bestimmende Kraft im Verlauf der Geschichte. Die Abhängigkeit der Mächtigen vom Willen der Volksmassen ist auch das Thema seines dramatischen Gedichtes «Boris Godunow». Puschkin schrieb diese erste nationale historische Tragödie im Jahr des Dekabristenaufstandes. Eine Aufführung seines Werkes hat er nicht mehr erlebt. Sie fand erst 33 Jahre nach Puschkins Tod in Petersburg statt.

«Boris Godunow»

Die Zensur verbot auch den Druck und die Aufführung von «Verstand schafft Leiden», wörtlich: «Kummer durch Verstand». Der Autor, Alexander Gribojedow (1795 – 1829), stand wie Puschkin den Dekabristen nahe. Mit seiner Komödie erhob er «scharfen Protest gegen die abscheuliche russische Wirklichkeit, gegen die Beamtenseelen, die Bestechlichen, die adligen Wüstlinge, gegen unsere große Gesellschaft, gegen Unwissenheit und Kriecherei», bemerkt der revolutionär-demokratische Literaturkritiker W. G. Belinski, der auch die Wirkung des Stückes auf seine Zeitgenossen schildert: «Ein Theaterstück, das das ganze lesekundige Rußland nach handschriftli-

Alexander Gribojedow

«Verstand schafft Leiden»

Konstantin Stanislawski
(1863–1938) als Baron in
«Der geizige Ritter» von
Alexander Puschkin, 1888

chen Exemplaren auswendig lernte, mehr als zehn Jahre bevor es gedruckt erschien! Gribojedows Verse verwandelten sich in Sprichwörter und Redensarten, seine Komödie wurde zur unversiegbaren Quelle für Nutzanwendungen auf die Ereignisse des Alltagslebens.» Studenten wagten es, zur Faschingszeit einzelne Szenen des Stückes maskiert auf den Straßen zu spielen, auf der Bühne erschien es erst zwei Jahre nach Gribojedows Tod. 1826 wurde er unter dem Verdacht der Teilnahme am Dekabristenaufstand verhaftet. Als ihm die Behörden nichts nachweisen konnten, schickte ihn der Zar in den diplomatischen Dienst nach Persien. Dort kam er bei einem Überfall auf die russische Gesandtschaft in Teheran ums Leben.

Die Bedeutung von «Verstand schafft Leiden» reicht weit über die unmittelbare Zeitbezogenheit hinaus. Diese Komödie gehört bis heute zur Weltdramatik, ebenso «Der Revisor» von Nikolai Gogol (1809–1852). Mit schonungsloser Offenheit schilderte Gogol die Dummheit, die Bestechlichkeit und das Schmarotzerleben der zaristischen Beamtenschaft, über die das Lachen siegt, das Gogol als die einzige ehrliche und anständige Person seiner Komödie bezeichnete. Die Reaktionen der Zuschauer bei der Uraufführung des «Revisors» 1836 in Petersburg waren zwiespältig. Die fortschrittliche Jugend applaudierte begeistert, aber der überwiegende Teil der Zuschauer war empört. «Die geringste Spur einer Wahrheit, und ganze Städte erheben sich gegen dich», klagte der enttäuschte Dichter einem Freund. Verbittert, auch über seinen Mißerfolg als Professor der Geschichte, verließ Gogol Rußland, um im Ausland (Frankreich, Italien, Schweiz) zu leben.

Seit 1824 bestand in Moskau das Mali Theater und seit 1832 in Petersburg das Alexandrinski-Theater, denen die besten Schauspieler des Landes angehörten, aber nichtssagende und rührselige Stücke und schauspielerische Vir-

Nikolai Gogol

Das Mali Theater
in Moskau

«Die toten Seelen» von
Nikolai Gogol am Moskauer
Akademischen Künstler-
theater, 1932

tuosität bedienten den herrschenden Geschmack. Patriotisch gesinnte Schauspieler führten einen harten Kampf um die Eigenständigkeit des Theaters, um einen volkstümlichen Spielplan und um Wahrhaftigkeit in der Darstellung. Literaturkritiker wie Belinski, Herzen und Dobroljubow unterstützten sie in diesen Bemühungen. Zum Zentrum der russischen Theaterkunst entwickelte sich das Mali Theater (Das kleine Theater). Hier begründete M. S. Stschepkin in den dreißiger und vierziger Jahren des 19. Jahrhunderts die realistische russische Schauspielkunst. Er prägte gemeinsam mit hervorragenden Schauspielern dieses Ensembles den Darstellungsstil des Mali Theaters. Einfachheit, Natürlichkeit und Lebenswahrheit des Spiels wurden zum Ziel künstlerischer Leistung. Als Stschepkin 1824 auf der Bühne in Moskau erschien, verfügte er über reiche Lebens- und Theatererfahrung in der Provinz.

Die Begegnung mit neuen Rollen in Stücken von Puschkin, Gribojedow, Gogol, Turgenjew und Ostrowski brachte ihn an sein Ziel, auf der Bühne das Recht und die Würde des einfachen Menschen zu verteidigen. Seine demokratische Gesinnung und sein Talent, an dessen Ausbildung er unablässig arbeitete, befähigten ihn zum Lehrer einer ganzen Schauspielergeneration. Stschepkin war in satirischen Rollen umwerfend komisch, und in tragischen Rollen rührte er die Zuschauer zu Tränen. Als Famussow in «Verstand schafft Leiden» und als Stadthauptmann im «Revisor» setzte er neue Maßstäbe in der Schauspielkunst. Jahrelang feilte er an der Ausarbeitung dieser Rollen.

Alexander N. Ostrowski (1823 – 1886) wurde mit 47 eigenen Stücken und zahlreichen Übersetzungen der Werke Goldonis, Shakespeares, Cervantes' und anderer Autoren zum wichtigsten Theaterdichter des russischen Natio-

Stschepkin – Begründer einer realistischen Schauspielkunst

Alexander N. Ostrowski

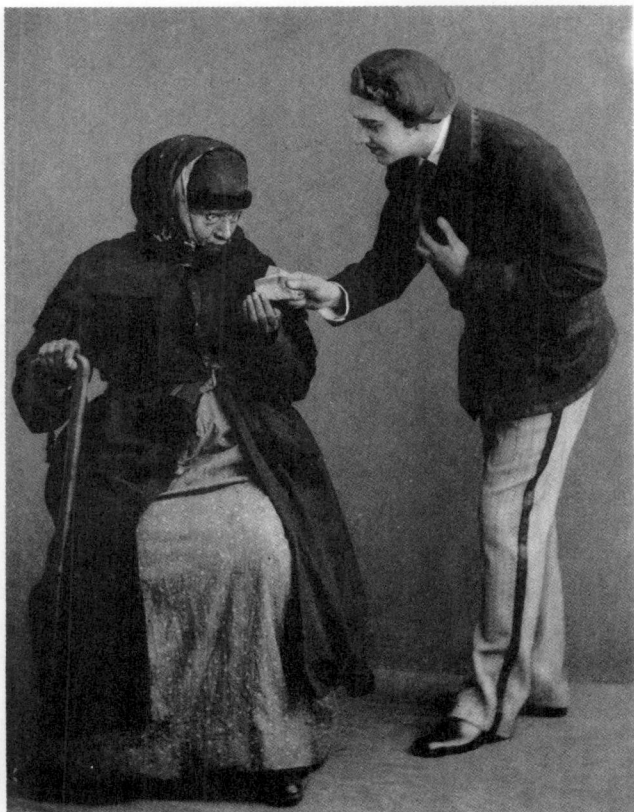

«Eine Dummheit macht auch der Gescheiteste» von Alexander N. Ostrowski,

Inszenierung des Moskauer Künstlertheaters

naltheaters. Die Komödien Ostrowskis widerspiegeln eine ganze Epoche des gesellschaftlichen Lebens in Rußland. Wie ein Chronist zeichnete er die Zeitumstände in der 2. Hälfte des 19. Jahrhunderts auf – den Abstieg des Adels, den Aufstieg des Bürgertums und die Abschaffung der Leibeigenschaft 1861. Er bevölkerte die Bühne mit Kaufleuten und Gutsbesitzern, mit kleinen Beamten, Spekulanten, gerissenen Betrügern und einfachen Bauern.

«Es bleibt ja in der Familie»

Bereits sein erstes Stück «Es bleibt ja in der Familie» machte ihn in literarischen Kreisen berühmt. Den Stoff dieser Komödie schöpfte Ostrowski aus eigenem Erleben. Er wuchs im Moskauer Kaufmannsviertel auf und arbeitete nach dem Abbruch seines Jurastudiums an einem Schieds- und Handelsgericht in Moskau, wo er reichlich Gelegenheit hatte, die Geschäftspraxis und das Privatleben der Kaufleute und Beamten zu studieren.

In Ostrowskis Stück will sich Kaufmann Bolschow durch einen vorgetäuschten Bankrott bereichern. Er überschreibt deshalb seinem Angestellten, dem Kommis Podschaljusin, sein gesamtes Vermögen und verspricht ihm seine Tocher zur Frau. So bleibt das Geld ja in der Familie. Doch Bolschows Rechnung geht nicht auf: Die Familie verschwendet das Geld und sieht gelassen zu, als der Betrug entdeckt und Bolschow ins Gefängnis gesperrt wird.

Spielen verbieten!

Die Zensur verbot das Stück mit der Begründung: «Alle handelnden Personen sind ausgemachte Schurken... Das Stück ist eine Beleidigung der Kaufmannschaft.» Als die Komödie 1850 dennoch in einer Zeitschrift erschien, strengte die empörte Kaufmannschaft eine Beleidigungsklage gegen den Autor an. Ein Komitee sprach ihn schuldig, und Zar Nikolaus I. notierte unter das Urteil: «Ganz richtig. Umsonst gedruckt. Spielen verbieten!» Ostrowski wurde entlassen und unter Polizeiaufsicht gestellt. Das Schicksal seiner ersten Komödie kennzeichnet den lebenslangen Kampf des Dichters mit der zaristischen Zensur. Dennoch entschloß sich Ostrowski, ab 1851 ausschließlich von seinen literarischen Arbeiten zu leben. Er näherte sich den revolutionären Demokraten an. Die Freundschaft und Zusammenarbeit mit dem Kreis um die Zeitschrift «Der Zeitgenosse» beeinflußte entscheidend Ostrowskis weiteres Schaffen. Er siedelte seine Komödien nicht mehr nur im Moskauer Kaufmannsmilieu an, er schilderte fortan auch das Leben in der russischen Provinz. Lebendigen Anschauungsunterricht dafür erhielt er durch seine Teilnahme an einer Wolga-Expedition, die die Aufgabe hatte, die Lebensbedingungen und -gewohnheiten der Bewohner dieses Gebietes zu erforschen. Ergebnis dieser Reise war das

«Das Gewitter»

Drama «Das Gewitter», eines der bedeutendsten Werke des Dichters. Die Heldin des Stückes, Katerina, kämpft um ihr Recht auf Liebe und Glück. Als es ihr versagt bleibt, geht sie in den Tod.

Die Reform von 1861, die den Bauern die Freiheit versprach, die alte Abhängigkeit aber nur durch neue Methoden der Ausplünderung ersetzte, ebnete der kapitalistischen Entwicklung in Rußland den Weg. So gab es auch im Werk Ostrowskis nur ein Grundthema: den Konflikt zwischen Reichen und Armen, zwischen «Wölfen» und «Schafen», den er nun vor dem Hintergrund kapitalistischer Verhältnisse gestaltete. An die Stelle des kleinen Kaufmanns trat der berechnende Unternehmer. Der untergehende Adel hingegen

«Tolles Geld»

verschleuderte sein Geld, es ist «Tolles Geld» – so der Titel einer Komödie Ostrowskis, in der er einen Aristokraten sagen läßt: «Jetzt ist sogar das Geld klüger geworden, es geht nur noch zu den ernsthaften Leuten und nicht mehr zu uns. Früher, da war das Geld dümmer...»

«Der Wald»

Auch die Gutsbesitzerin Grumschskaja im «Wald» herrscht nicht mehr mit jener Allgewalt wie die Vertreterinnen ihres Standes in früheren Stücken Ostrowskis. Um ihren Lebensstil aufrechtzuerhalten, verhökert sie ein Stück Wald nach dem anderen an den aufstrebenden Holzhändler Wosmibratow. Einst war der Besitz von Wäldern das Zeichen für Reichtum und Macht des Adels. Das aus dem Waldverkauf gewonnene Geld zerrinnt der Gutsbesitzerin unter den Händen. Obendrein läßt sie sich von dem geschäftstüchtigen Wosmibratow übervorteilen. Auch in dem Stück «Wölfe und Schafe» erweist sich der gerissene Geschäftsmann Berkutow als der größere Wolf gegenüber der alten Gutsbesitzerin. Ihre betrügerischen Methoden sind zu plump, um dem neuen, verfeinerten Betrug gewachsen zu sein.

Aber auch die «still Gehorchenden» haben sich verändert: sie erdulden das aufgezwungene Los nicht mehr schweigend, sondern lehnen sich gegen die Willkür auf. Zu ihnen gehört Gennadius, der Schauspieler, der mit Zitaten aus Schillers «Räubern» seine Empörung gegen die Gesellschaft ausdrückt.

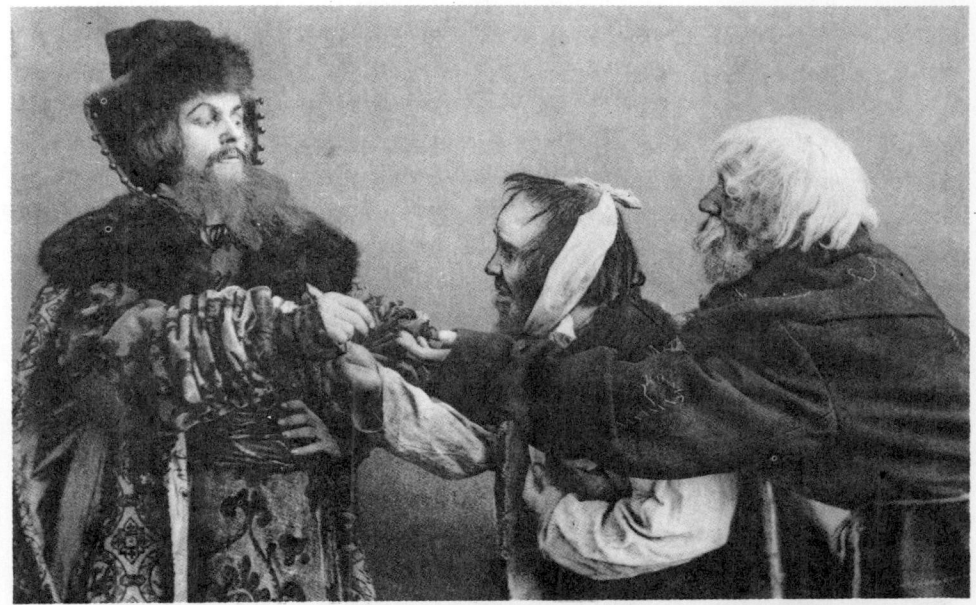

«Zar Fjodor» von Alexej Tolstoi, Eröffnungs- premiere des Moskauer Künstlertheaters, 1898

Schauspieler kommen in einigen Komödien Ostrowskis vor, ihre liebens-
würdige Zeichnung verrät die besondere Zuneigung des Dichters. Sie gehörte ein Leben lang dem Theater, das seinem meistgespielten Dramatiker
nicht einmal das tägliche Brot sicherte.

Regierungskommission zur Revision der Theatergesetze

1881 wird er aufgefordert, in einer Regierungskommission «zur Revision der
Gesetze und Verordnungen das Theater betreffend» mitzuarbeiten. Nach
3 Jahren vergeblicher Bemühungen resigniert er. Schließlich war eine
offizielle Anerkennung seiner Verdienste um das russische Theater nicht
mehr zu umgehen. Ostrowski erhielt die Leitung der Spielplanabteilung der
Moskauer Bühnen und der Theaterschule. Doch er konnte seine Pläne nicht
mehr verwirklichen, ein halbes Jahr nach seiner Ernennung starb er.

Das Moskauer Künstlertheater

Konstantin S. Stanislawski, Schauspieler und Regisseur an einer Liebhaberbühne, und Wladimir I. Nemirowitsch-Dantschenko, Dramaturg und
Schriftsteller, gründeten das Moskauer Künstlertheater.
Im Juni 1897 trafen sie sich in einem Moskauer Restaurant. 18 Stunden
sprachen sie miteinander und beschlossen, «ein Volkstheater mit ungefähr
den gleichen Aufgaben und Zielen zu gründen, von denen Ostrowski ge-
träumt hatte ... Alles kam zur Sprache: Fragen sauberer Kunst, unsere
künstlerischen Ideale, Ethik der Bühne, Technik, Organisationspläne, Pro-
jekte des zukünftigen Repertoires und unser gegenseitiges Verhältnis zuein-

Mein Leben in der Kunst

ander», schrieb Stanislawski in seinem Buch «Mein Leben in der Kunst»
über diese denkwürdige Sitzung. Dantschenko übernahm die literarische

Anton Tschechow liest den
Schauspielern des Moskauer
Künstlertheaters seine
Komödie «Die Möwe» vor
(1898)

und organisatorische, Stanislawski die bühnenkünstlerische Seite des gemeinsamen Unternehmens, für das private Geldgeber geworben wurden. Das Ensemble setzte sich größtenteils aus Schülern der von Dantschenko geleiteten Schauspielabteilung der Musikschule der Philharmonischen Gesellschaft und aus Mitgliedern der Liebhaberbühne Stanislawskis zusammen. In den Sommermonaten des darauffolgenden Jahres begann in einer Scheune des Moskauer Vororts Puschkino die Probenarbeit. Alle an einer Aufführung Beteiligten – Schauspieler, Regisseur, Bühnenbildner, Kostümschneider bis hin zum Bühnenarbeiter sollten «nur dem einen Ziel dienen, das der Dichter seinem Werk als Idee zugrunde gelegt hat».

Der erste Platz auf der Bühne gehörte dem Schauspieler. Stanislawski versuchte, über oft mehr als 100 Proben, in strenger Disziplin den Schauspieler zu einem echten künstlerischen Erleben zu führen. Er schuf eine schöpferische Arbeitsbasis, die den Schauspieler befähigte, mit seiner Phantasie die darzustellende Figur bis in die feinsten Regungen des Gefühls zu erfassen und zu gestalten. Die gewonnenen Erkenntnisse und die eigenen schauspielerischen Erfahrungen faßte er später zu einem «System» zusammen, von dem noch heute in aller Welt Schauspieler und Regisseure lernen.

Am 14. Oktober 1898 hob sich der Vorhang zur ersten Vorstellung des Moskauer Künstlertheaters. Moskwin als Zar Fjodor sprach den ersten Satz des Stückes: «Auf dieses Unternehmen setze ich meine ganze Hoffnung.» Das Ensemble spürte die Bedeutung dieser Worte. Die Hoffnung erfüllte sich, das Moskauer Künstlertheater begann seinen Weg zum Weltruhm, dem die entscheidende 2. Premiere der «Möwe» von Anton Tschechow die künstlerische Richtung wies.

«Die Möwe»

«Die Möwe» war bei der Uraufführung im Alexandrinski-Theater in Peters-

«Onkel Wanja» von Anton Tschechow, Uraufführung 1899 am Moskauer Künstlertheater

«Der Kirschgarten» von Anton Tschechow, Uraufführung 1904 am Moskauer Künstlertheater

burg durchgefallen. Tschechow (1860–1904) stimmte einer neuen Inszenierung seines Stückes nur nach längerem Zögern zu. Er fürchtete einen erneuten Mißerfolg.

Tschechows Gestalten erleiden ein leeres, sinnloses Leben. Ihr erdrückendes Dasein verbringen sie in einem banalen Alltag, aber hinter diesen nichtssagenden Vorgängen verbirgt sich ihre Sehnsucht nach einem tätigen, sinnvollen Leben, das sie nicht zu verwirklichen vermögen. Die Kritik an den gesellschaftlichen Verhältnissen im Rußland der Jahrhundertwende schloß die Zuversicht des Dichters ein, daß eine grundsätzliche Umwälzung bevorstand. Die Inszenierung sollte diesen Hintergrund für den Zuschauer erlebbar machen. Die Premiere wurde zu einem durchschlagenden Erfolg.

Das Moskauer Künstlertheater hatte seinen Stil und seinen Dichter gefunden. Man nannte es bald «Tschechow-Haus», und die weiße Möwe zierte fortan als Markenzeichen des Theaters Vorhang und Programme.

Die enge Bindung zu Tschechow bestand bis zu dessen frühem Tode. Seine schwere Krankheit zwang ihn, auf der Krim zu leben. 1899 unternahm das Ensemble eigens eine Tournee nach Sewastopol und Jalta, um dem Autor seinen «Onkel Wanja» vorzuführen. Dort kam es auch zu einer ersten Begegnung mit Maxim Gorki, mit dem Tschechow freundschaftlich verkehrte. In ihm gewann das Theater seinen zweiten wichtigen Dichter.

Maxim Gorki (1868–1936) sandte dem Theater zunächst nicht, wie auf der Krim versprochen, das Stück über gestrandete Menschen in einem Armenasyl, sondern «Die Kleinbürger», eine «dramatische Skizze» über die spießige

Anton Tschechow

«Nachtasyl» von Maxim Gorki, Regie von Richard Vallentin unter Mitwirkung von Max Reinhardt, Kleines Theater, Berlin, 1903.
Max Reinhardt, ab 1894 vielbeschäftigter Schauspieler am Deutschen Theater in Berlin, gründete 1901 seine erste eigene Bühne.
Diesem Ensemble gelang am 23. Januar 1903 mit der «Nachtasyl»-Aufführung ein Sensationserfolg.
1905 übernahm Reinhardt die Direktion des Deutschen Theaters, später erwarb er auch noch andere Theater. Im gleichen Jahr inszenierte er den «Sommernachtstraum» unter Verwendung der in Vergessenheit geratenen Drehbühne. Allein dieses Shakespeare-Stück wurde von ihm zwölfmal in Szene gesetzt, zuletzt 1935 im Film. Ohne die zeitgenössische Dramatik zu vernachlässigen, widmete er sich vorrangig den Werken der Klassik, für die er die neuesten Errungenschaften der Bühnentechnik aufbot.

Maxim Gorki

«Die Kleinbürger»

«Nachtasyl»

Enge einer Handwerkerfamilie, in der auch der Eisenbahner Nil als Pflegesohn lebt. Ihn trifft der besondere Haß des borierten Handwerksmeisters, denn Nil verdient sich nicht nur als Arbeiter seinen Unterhalt, er gibt auch offen zu, der revolutionären Bewegung nahezustehen. Mit der Figur des Nil brachte Gorki erstmalig einen bewußten Arbeiter auf die Bühne.

Zu dieser Zeit kündigten die verbreitete Unzufriedenheit und die politische Stimmung im Volk bereits das Nahen der Revolution an. Polizei und Zensurbehörde achteten auf jedes Wort, das auf der Bühne gesprochen wurde. Gorki stand unter Polizeiaufsicht. Die Freigabe der «Kleinbürger», die Nemirowitsch-Dantschenko in zähem Kampf der Zensurbehörde abrang, erfolgte ausschließlich für den engen Kreis der Theaterabonnenten und nach Textstreichungen. Stanislawski berichtet: «In der Furcht, daß außer dem mehr oder minder ‹soliden› Abonnementspublikum auch Jugend ohne Eintrittskarten sich in unsere Vorstellungen hineinschmuggeln könne (was wir, unter uns gesagt, gern zuließen), ordnete der Stadthauptmann . . . an, im Theater die die Eintrittskarten kontrollierenden Logenschließer durch Polizisten zu ersetzen.» Als Dantschenko dagegen heftig protestierte, befahl der Stadthauptmann, daß die Polizisten Fräcke zu tragen hätten. Zur Aufführung erschien das «ganze regierende Petersburg», Fürsten, Minister, hohe Militärs, Polizeibeamte und das gesamte Zensurkomitee. Es ist nicht verwunderlich, daß das Stück bei diesem Publikum nur einen mäßigen Erfolg hatte. Das Künstlertheater eröffnete mit diesem sozialkritischen Drama eine neue Linie seines Spielplanes, die es mit Gorkis «Nachtasyl» fortsetzte. Noch

«Die Kleinbürger»
von Maxim Gorki,
Gorki-Theater, Leningrad

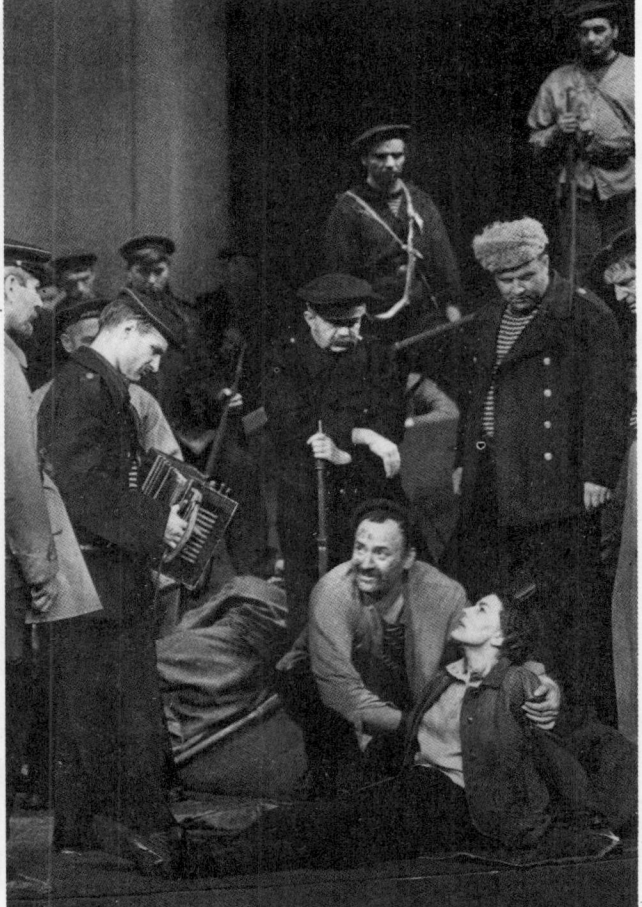

«Optimistische Tragödie»
von Wsewolod W. Wischnewski,
Berliner Ensemble

nie zuvor war das Leben der «Auf dem Grunde» (so lautet der Originaltitel) der Gesellschaft vegetierenden Menschen auf der russischen Bühne dargestellt worden. Mit der gewohnten Sorgfalt begann das Ensemble die Probenarbeit. So wie es die Geschichte an Ort und Stelle des Geschehens studierte, um ein historisches Milieu wahrhaftig und echt abzubilden, so gründlich beschäftigte es sich nun mit den Lebensumständen der Obdachlosen. Sie hausten in Moskau um den Chitrowmarkt, und die intelligentesten unter ihnen verdienten sich ein paar Kopeken durch das Abschreiben von Rollenbüchern. Diese Brücke verschaffte den Schauspielern Zugang zu ihrem Asyl. Stanislawski entdeckte durch diese Begegnung den tieferen Sinn des Stückes, den Freiheitswillen dieser Menschen, der sich hinter ihrer Tragödie verbarg. Im Dezember 1902 erlebte die Aufführung einen triumphalen Erfolg. (Wenige Tage danach fand in Berlin in dem von Max Reinhardt geleite-

«Mysterium buffo» von Wladimir Majakowski, Kostümentwürfe des Autors, 1919

Oben: sieben Paar der reinen Wesen.
Unten: sieben Paar der unreinen Wesen.
«Die Handlung des ‹Mysterium buffo› ist gleichbedeutend mit der Bewegung der Massen, dem Zusammenstoß der Klassen, dem Ringen der Ideen, ein Kleinbild der Welt in den Wänden des Zirkus.» (Majakowski)

ten Theater unter der Regie von Richard Vallentin das Stück einen ähnlichen Anklang.) «Nachtasyl» bekräftigte die weltweite Anerkennung des Dichters. Bis 1906 erreichte das Stück 500 Vorstellungen auf europäischen Bühnen. Als Gorki nach der gescheiterten Revolution von 1905 aus Rußland fliehen mußte und ihn sein Weg über Berlin führte, veranstaltete Max Reinhardt ihm zu Ehren eine Sondervorstellung.

Im Herbst 1905 wurde auch das Künstlertheater vorübergehend geschlossen. Durch die verhängte Ausgangssperre blieb das Publikum aus. Unter diesen Umständen entschloß sich das Ensemble zu seiner ersten Auslandstournee. Es stellte im Winter 1906 fünf Wochen lang dem Berliner Publikum seine besten Aufführungen vor.

Nach Hause zurückgekehrt, begann Stanislawski neue künstlerische Wege zu suchen. Er befürchtete, daß die Schauspielkunst in der reinen Kopie des

«Der Mann mit dem Gewehr»
von N. Pogodin,
Wachtangow-Theater
Moskau, 1957

«Der blaue Vogel»

Lebens erstarren und verarmen müsse, und wandte sich Stücken zu, die phantastische und märchenhafte Geschichten erzählen, so «Der blaue Vogel» von Maurice Maeterlinck. Diese bereicherten die künstlerischen Ausdrucksmittel des Theaters, führten es aber von Auseinandersetzungen der Zeit weg.

Theateroktober

Nach der Oktoberrevolution wurde im Ausland verbreitet, nunmehr sei das Ende der russischen Theaterkultur gekommen. Bald aber mußte zugegeben werden, daß sich das russische Theater wie nie zuvor entwickelte – trotz großen Mangels an allem und mitten im Kampf gegen den in- und ausländischen Feind. Der Zusammenstoß von Kunst und Revolution fand nicht wie erwartet statt. Das hatte zwei Gründe: Die Mehrheit der Künstler im zaristischen Rußland war mit den Interessen des Volkes verbunden, und die Partei Lenins wiederum hatte einen hohen Begriff von der Schöpferkraft der Menschen. Sie wollte nichts von dem ruinieren, was Bedeutendes hervorgebracht worden war, und sie strebte danach, die künstlerische Tätigkeit der Werktätigen zu befördern. Ein Zeichen dafür war 1920 die Auszeichnung des Moskauer Künstlertheaters (MCHT) mit dem Titel eines Moskauer Akademischen Künstlertheaters (MCHAT). Damit hatte der Sowjetstaat die Fürsorge für das ruhmreiche Ensemble übernommen.

Stanislawski und das Moskauer Künstlertheater sahen sich einem völlig anderen Publikum, Arbeitern und revolutionären Soldaten, gegenüber. Es nahm die hohe Theaterkultur dankbar an, und das Künstlertheater bemühte sich, seine Ansprüche zu erfüllen. Stanislawski war in einer Person Schau-

«Der Drache» von Jewgeni Schwarz in der Inszenierung von Benno Besson am Deutschen Theater Berlin, 1965.
Jewgeni Schwarz zählt, ebenso wie Samuil Marschak, zu den Klassikern des sowjetischen Theaters der Jungen Zuschauer. Unmittelbar nach der Oktoberrevolution gründete die junge Sowjetmacht staatliche Theater für Kinder. Erstmalig in der Welt spielten Berufsschauspieler regelmäßig für das junge Publikum. Heute gibt es in der Sowjetunion mehr als fünfzig solcher Theater

Meyerhold

spieler, Regisseur, Theaterleiter und Schauspielpädagoge. Er erzog in seinen Studios mehrere Generationen des Theaternachwuchses seines Landes und leitete das Moskauer Künstlertheater bis zu seinem Tod im Jahre 1938.

Einer seiner Schüler, Wsewolod E. Meyerhold (1874 – 1940) widersetzte sich nach der Revolution den Lehren des Altmeisters. Er baute ein Gegensystem auf. Das Theater sollte nicht mehr die Seelenlage einzelner Menschen ergründen, sondern Menschen in revolutionärer Aktion zeigen.

Einheit von Bühne und Zuschauerraum

Meyerhold schlossen sich viele junge Theaterleute an. Im selben Jahr, da das Künstlertheater umbenannt wurde, verkündete Meyerhold den «Theateroktober». Er meinte damit, daß auch das Theater seine Oktoberrevolution durchführen müsse. Die Trennung des Theaters von den Massen sei zu überwinden und eine neue Einheit von Bühne und Zuschauerraum zu gewinnen. Meyerhold inszenierte Massenaufführungen unter freiem Himmel, und in seinem Theater, dem 1921 gegründeten Ersten Theater der RSFSR, stellte er Experimente an, um das Theater im Sinne der proletarischen Revolution zu erneuern. Er gab russische Klassiker und zeitgenössische Stücke in ganz ungewohnter Weise, was ihm Beifall und Kritik eintrug. Seine wichtigsten Inszenierungsprinzipien bestanden darin, die sogenannte «vierte Wand» zwischen Bühne und Zuschauerraum niederzureißen. Der Zuschauer sollte nicht mehr dem Bühnengeschehen als Beobachter hinter einer gedachten Wand folgen, sondern offen in dieses einbezogen werden. Die Theatertechnik wurde nicht mehr versteckt, sondern als Arbeitsinstrument deutlich ausgestellt. Das Mitleben mit den handelnden Figuren unterbrach er durch eine ironisierende Darstellung, durch Clownerie, Akrobatik und eine technisierte Bühnenarchitektur. 1938 wurde Meyerholds Theater geschlossen, er selbst 1939 verhaftet. Meyerhold starb 1940 als Opfer einer engstirnigen Kulturpolitik zur Zeit des Personenkults.

«Das Katzenhaus» von
Samuil Marschak, Moskauer
Gebietstheater der Jungen
Zuschauer

Wachtangow

Ein anderer großer Name des frühen Theaters Sowjetrußlands ist Jewgeni B. Wachtangow (1883–1922). Er war Stanislawskis Meisterschüler. Mit seinen wenigen Inszenierungen gehörte er zu den bedeutendsten Regisseuren seiner Zeit. Er erweiterte den psychologischen Realismus Stanislawskis um Elemente von Phantasie, Lyrismus, Musikalität und hoher Empfindsamkeit für szenische Lösungen.

Alexander I. Tairow

Alexander I. Tairow (1885 – 1950) schließlich, der Leiter des Moskauer Kammertheaters, stand nicht unmittelbar in der Stanislawski-Nachfolge. Er wurde im Ausland vor allem durch seine Schrift «Das entfesselte Theater» bekannt, in der er die Auffassung vertrat, daß sich das Theater aller Darstellungsmittel bedienen müsse.

Diese vier Regisseure, Stanislawski eingeschlossen, bestimmten die ersten Jahre des Sowjettheaters wesentlich.

Die gesamte Entwicklung aber war sehr viel reicher. In Moskau existierten etwa 30 reguläre Theater, und jedes hatte sein eigenes Gesicht. Daneben gab es viele Klubtheater, Amateurtruppen und Studios. Die politische Einsatzbereitschaft und Spielfreude der jungen Arbeiter äußerte sich vor allem in den Agitationsbrigaden «Blaue Blusen» und in den Theatern der Arbeiterjugend TRAM. In den ersten zehn Jahren bildete sich auch die junge Sowjetdramatik heraus. An ihrer Spitze stand Wladimir W. Majakowski (1893 – 1930), der mit «Mysterium Buffo» die erste heroische Sowjetkomödie schuf. Ihr folgten «Die Wanze» und «Das Schwitzbad».

Wladimir N. Bill-Bjelozerkowski (1884–1970) schrieb eines der ersten klassischen Revolutionsstücke, «Sturm», und Wsewolod W. Wischnewski (1900–1951) wurde mit seinen Stücken «Die erste Reiterarmee» und «Optimistische Tragödie» zum Chronisten der revolutionären Kämpfe.

Wenn man in der Geschichte des Welttheaters von traditionsreichen Theaterzentren spricht, denkt man an Athen und Rom, London, Venedig, Paris, Berlin, Petersburg und Moskau. Mit der Errichtung der Sowjetmacht entwickelte sich die UdSSR zu einem Theaterkontinent. Auf einem Sechstel der Erde, für eine Vielzahl von Nationalitäten, Sprachen, Unionsrepubliken entstand ein Netz von Theatern, das in Umfang und Reichtum seinesgleichen sucht. Die Theaterstädte Leningrad und Moskau nehmen zwar noch immer den führenden Platz ein, aber das Theater greift inzwischen weit in das Riesenland. Lenins Nationalitätenpolitik hat auch hierin ihre Früchte getragen.

Die sowjetische Dramatik und die Regisseure, die sie inszenieren, greifen selbstbewußt in die Fragen des gesellschaftlichen Lebens ein. Bestimmte Aufführungen sind für ein Jahr ausverkauft. Das Theater gehört in besonderer Weise zum normalen Alltag. Es löst Diskussionen aus. Es wird gebraucht. Viele sowjetische Stücke und Inszenierungen haben auch auf das Theater in sozialistischen Ländern, darunter die DDR, ihren mobilisierenden Einfluß ausgeübt.

Der Theateroktober war eine zeitweilig wichtige Losung. Sie markierte den Ausgangspunkt für die Entwicklung des sowjetischen Theaters.

Wladimir Majakowski

Bertolt Brecht

Theater für den Zuschauer
des «wissenschaftlichen Zeitalters»

Das Geburtshaus Bertolt Brechts steht in der bayerischen Stadt Augsburg. Hier wurde der Dichter am 10. Februar 1898 geboren. Nach seiner Schulzeit nahm er ein Medizinstudium auf. Aber Brechts Interesse am Menschen war nicht das eines Arztes. Er begann zu dichten. Den 1. Weltkrieg erlebte er noch als Sanitätssoldat. Sein Gedicht «Legende vom toten Soldaten», geschrieben im letzten Kriegsjahr 1918, erzählt im Gleichnis, wie ein gefallener Soldat wieder ausgegraben und an die Front geführt wird, weil der deutsche Kaiser den schon verlorenen Krieg doch noch gewinnen will.

«Legende vom toten Soldaten»

In der Novemberrevolution 1918 wurde der Kaiser gestürzt. Arbeiter- und Soldatenräte übernahmen die Macht; Brecht gehörte einem solchen Rat in seiner Heimatstadt an. Die Mehrheit der deutschen Arbeiter und Soldaten hielt aber die Revolution mit der Beseitigung des Kaiserreiches für beendet. Sie gingen nach Hause. Nur wenige kämpften weiter um die Errichtung einer sozialistischen deutschen Republik. Sie unterlagen einer Übermacht von Gegnern.

Brecht hat seine Enttäuschung über den Verlauf der Revolution in seinem Stück «Trommeln in der Nacht» (1919) zum Ausdruck gebracht. Ein Soldat kehrt von der Front zurück, aber inmitten der revolutionären Kämpfe will er

«Trommeln in der Nacht»

Karl von Appen (1900–1981):
Bühnenbildentwurf zum
«Kaukasischen Kreidekreis»

nur seine Braut wiederhaben, die ihm ein skrupelloser Schieber abspenstig gemacht hat.

«Dreigroschenoper»

1923 brach Brecht sein Studium ab. Für «Trommeln in der Nacht» war ihm 1922 der begehrte Kleistpreis verliehen worden. Den großen Publikumserfolg errang er aber erst 1928 mit der «Dreigroschenoper», für die Kurt Weill die Musik schrieb. Die Songs aus der «Dreigroschenoper» ertönten in Tanzcafés und im Rundfunk, von der Schallplatte und in einer Filmfassung des Stücks um den Gangster Mackie Messer, der sich mit dem Bettlerkönig von London in einen Kampf um dessen Tochter Polly einläßt. Mackie verliert, aber ein «reitender Bote» der Königin verhindert, daß er gehängt wird. Die Handlung nimmt ein glückliches Ende, jedenfalls für den Gangster, der erkannt hat, daß es einträglicher ist, eine Bank zu gründen, statt eine Bank auszurauben. Man müsse das Ausrauben der Menschen nur im großen Stil und «gesetzlich» betreiben, um vom gewöhnlichen Verbrecher zum ehrenwerten Geschäftsmann zu werden.

Seit 1924 lebte Brecht in Berlin. Berlin war neben Moskau die lebendigste Theaterstadt der Welt. Hier lernte Brecht, die Kunst im Kampf um eine sozialistische Entwicklung einzusetzen, zumal Berlin auch das Zentrum der revolutionären deutschen Arbeiterbewegung war. Mit den Stücken «Die heilige Johanna der Schlachthöfe», «Die Maßnahme» und «Die Mutter» trat Brecht erstmals offen für deren Ziele ein. In der «Mutter» (nach dem Roman von Maxim Gorki) beschrieb Brecht den Weg einer russischen Arbeiterfrau zur Revolutionärin. Die Pelagea Wlassowa ist eine von Brechts großen Frauengestalten. In der Uraufführung spielte Brechts Frau Helene Weigel die Titelrolle, den Sohn Pawel spielte Ernst Busch.

«Die Mutter»

In diesem Jahr 1932 stand Deutschland an einem Kreuzweg seiner Geschichte. Die weltweite Wirtschaftskrise hatte alle Schichten des arbeitenden Volkes ins Elend gestürzt. Um den Protest gegen die Zustände von ihren eigentlichen Ursachen abzulenken, wurde Hitlers Partei der «Nationalsozialisten» regierungsfähig gemacht. Die Republik sollte geopfert werden, um das kapitalistische System zu retten. Die Nazis hatten einen starken Zulauf, weil sie allen alles versprachen – den Arbeitern Arbeit, den Angestellten Sicherheit, den Bauern das Aufblühen der Höfe und der Industrie die Erweiterung ihrer Märkte. Über diesen Verlockungen «übersahen» viele Deutsche, was die Nazis außerdem in Aussicht stellten – die Zerstörung der Demokratie, die Vernichtung der Juden und den Krieg. So gelangten sie an die Macht. Was sie mit ihr anfingen und wie sie endeten, ist bekannt.

Lehrstücke

Kommunistische Künstler wie Brecht arbeiteten in diesen Jahren kurz vor Hitlers Machtantritt sehr hart daran, die wirklichen Ursachen des Niedergangs aufzuklären, revolutionäres Bewußtsein zu schulen und das Bündnis gegen den Faschismus zu festigen. Brechts neue Stücke erhielten einen Stil, in dem sich poetische Schönheit mit einer belehrenden Haltung verband. Es sind «Lehrstücke», die sowohl Erkenntnisse vermitteln als auch Vergnügen bereiten. Das Lernen ist für Brecht ein Vergnügen, so wie das Vergnügen durch Erkenntnisgewinn gesteigert wird. Das Schlüsselwort in Brechts Denken aber heißt verändern. Die Veränderung der Welt ist das menschlichste aller Vergnügen, und dafür sind genaueste Kenntnisse nötig. Künstlerische Genüsse ohne verändernde Folgen nannte Brecht «kulinarisch», aber er lehnte gleichermaßen die Belehrung ohne Schönheit, Fülle, Genuß als den Künsten widerstrebend ab.

Der Verfremdungs-Effekt

Verwirrung hat mancherorts Brechts Absicht gestiftet, Theater für einen Zuschauer des «wissenschaftlichen Zeitalters» machen zu wollen. Er dachte nicht an ein Theater für Wissenschaftler oder an ein wissenschaftliches Theater oder an Theater über wissenschaftliche Gegenstände: er meinte ein Theater für einen Zuschauer in einem Zeitalter, in dem die Menschen in zunehmendem Maße ihr Zusammenleben bewußt gestalten, ihre Ohnmacht vor dem «Lauf der Dinge» ablegen und sich selbst als ihr Schicksal verstehen lernen. Diese Haltung wollte Brecht im Zuschauer erzeugen und befestigen. Um sie souverän einnehmen zu können, müsse auch eine bestimmte Freiheit dem Dargestellten gegenüber herbeigeführt werden. Brecht bezeichnete diese Befreiung oft als Verfremdung. Sie verhilft dem Zuschauer dazu, anderes oder mehr zu denken und zu empfinden als die gespielten Menschen auf der Bühne. Der «Verfremdungs-Effekt», ein Brechtscher Begriff, der sich viele Mißverständnisse hat gefallen lassen müssen, ist nichts anderes als die Befreiung des Zuschauers von den Zwängen des Abbilds. Wenn Pelagea Wlassowa von der Ermordung ihres Sohnes erfährt, soll der Zuschauer nicht nur ihre Trauer mitempfinden, sondern zugleich bewundern, wie die Revolutionärin sich vor den Kleinbürgerinnen verhält.

Emigration

Als Hitler 1933 die Macht in Deutschland übergeben wurde, mußte die Familie Brecht ins Ausland fliehen. Von 1933 bis 1939 lebte sie in Dänemark, dann ein Jahr in Schweden. Nach dem Überfall deutscher Truppen auf Dänemark und Norwegen war auch das benachbarte Schweden gefährdet. Die Geflüchteten fanden im selbst schon halbfaschistischen Finnland Zuflucht und Freunde.

1941 durchquerten sie mit der Eisenbahn die Sowjetunion, um im fernöstlichen Wladiwostok ein japanisches Schiff zu besteigen, das sie nach den USA brachte. Wenige Tage nach der Abreise aus Moskau fiel Hitlers Wehrmacht in die Sowjetunion ein. Brecht mußte seine schwererkrankte Mitarbeiterin Margarete Steffin in einem Moskauer Krankenhaus zurücklassen; sie starb kurz darauf. In den Vereinigten Staaten blieben Brecht, Helene Weigel und die zwei Kinder Barbara und Stefan bis 1947. In diesem Jahr wurde Brecht von dem antikommunistischen «Komitee zur Bekämpfung

Schlußszene aus der
«Dreigroschenoper»,
Berliner Ensemble, 1960

Eertolt Brecht

unamerikanischen Verhaltens» einem politischen Verhör unterzogen, ein Zeichen dafür, daß auch hier für einen Künstler wie Brecht keine Sicherheit mehr bestand. Die Zeit der Waffenbrüderschaft der Alliierten im Kampf gegen den Faschismus war vorüber, der «kalte Krieg» unter Führung der USA gegen die Sowjetunion und alle fortschrittlichen Kräfte vergiftete auch das geistige Leben. Aber Brecht zog es auch selbst nach Berlin. Er wollte am demokratischen Aufbau teilnehmen und endlich, nach 15 Jahren des Exils, seine Stücke wieder in der Muttersprache aufführen. Über die Schweiz kehrte die Familie Brecht 1948 nach Berlin zurück und ließ sich im sowjetischen Sektor der geteilten Stadt nieder. Die Jahre in der Fremde waren für Brecht und die Weigel bitter. Die Schauspielerin konnte nicht auftreten, der Dichter nur wenige seiner Stücke auf einer Bühne unterbringen. Jede neue Fluchtstation brachte neue Sorgen, Ungewißheiten, Umstellungen auch im persönlichen Leben. Bedrückend waren die Erfolge der Faschisten bis zur Kriegswende vor Stalingrad. Aber Brechts gesamtes Schaffen im Exil ist von der Zuversicht bestimmt, daß die braune Barbarei besiegt werden wird.
Auch zahlreiche deutsche Schauspieler waren ins Ausland geflüchtet. Sie benötigten Stücke, die die Wahrheit über den Faschismus sagten und von

«Die Mutter» nach Gorki, Brechts letzte Inszenierung am Berliner Ensemble, 1954

Käthe Reichel als Shen Te in «Der gute Mensch von Sezuan», Berliner Ensemble, 1954

«Furcht und Elend
des Dritten Reiches»

kleinen Spielgruppen ohne technischen Aufwand aufgeführt werden konn-
ten. Für sie schrieb Brecht die Szenenfolge «Furcht und Elend des Dritten
Reiches» und den Einakter «Die Gewehre der Frau Carrar». Die Szenen von
«Furcht und Elend» führen gleichsam in Momentaufnahmen das unter-
schiedliche Verhalten von Menschen unter der Nazidiktatur vor – so einen
Lehrer, der in der Schule anders über die Zustände spricht als zu Hause und
deshalb vor dem eigenen Sohn Angst bekommt, oder einen charakterlosen
Richter, der befürchtet, mit seinen Urteilen die Wünsche der neuen Herren
nicht ganz genau zu erfüllen, und die beiden KZ-Häftlinge, die noch im Lager politisch entzweit sind, vor dem Posten aber zusammenhalten und gemeinsam in den Bunker gehen. Die Szenen entstanden nach Augenzeugen-
berichten und Zeitungsmeldungen, fern vom Ort des Geschehens, und sind
dennoch von höchster Genauigkeit. Der Einakter «Die Gewehre der Frau
Carrar» spielt in Spanien zur Zeit der Verteidigung der spanischen Republik
gegen die Truppen des Putschgenerals Franco, der von Deutschland und Italien unterstützt wurde. Die Fischersfrau Carrar will ihre beiden Söhne aus
dem Krieg heraushalten, um sie nicht auch zu verlieren wie ihren Mann. Als
der eine Sohn beim friedlichen Fischen von Francoleuten erschossen wird,

«Die Gewehre
der Frau Carrar»

Helene Weigel (1900–1971)
als Mutter Courage in
Brechts Inszenierung am
Deutschen Theater, 1949

Ernst Busch als Galilei in
«Das Leben des Galilei»,
Regie: Erich Engel,
Berliner Ensemble, 1957

geht sie mit dem zweiten und mit den Gewehren ihres Mannes zur Front. Die «Carrar» ist zur Zeit des Spanienkrieges in vielen Sprachen von kleinen Spielgruppen aufgeführt worden, auch in den skandinavischen Gastländern Brechts.

«Leben des Galilei» 1938 schrieb Brecht in wenigen Wochen eines seiner berühmtesten Stücke, «Leben des Galilei». In ihm steht der italienische Gelehrte Galileo Galilei vor der Entscheidung, entweder seine pysikalischen Lehren, die den Lehren der Kirche widersprechen, zurückzunehmen oder dem gefürchteten kirchlichen Gericht zu verfallen. Galilei widerruft. In der ersten Fassung von 1938 kritisierte Brecht Galileis Verrat an der Wissenschaft zurückhaltender als bei der Überarbeitung des Stücks im amerikanischen Exil: Als die USA-Regierung 1945 Atombomben auf japanische Städte abwerfen ließ, erfuhr die Menschheit erstmals von den bislang unvorstellbaren Wirkungen der neuen Waffe. Nach Brecht trägt der Forscher mit an der Verantwortung für die Verwendung seiner Entdeckungen.

«Mutter Courage und ihre Kinder» Zur Zeit des Überfalls der deutschen Truppen auf Polen, der den zweiten Weltkrieg eröffnete, schrieb Brecht «Mutter Courage und ihre Kinder». Das Stück ist im Dreißigjährigen Krieg angesiedelt, der aber als Gleichnis für alle Raubkriege steht. Die Händlerin Courage folgt mit ihren beiden Söhnen und der stummen Tochter Kattrin in einem Planwagen den sich bekriegenden Heeren durch die Länder. Sie will am Krieg verdienen, ihm aber nicht ihre Kinder geben. Am Schluß hat sie alles verloren, ihren Verdienst und ihre Kinder. Unbelehrt spannt sie sich vor den Wagen und läuft weiter den Soldaten hinterher. Brecht ist später kritisiert worden, daß seine Courage nicht zur Einsicht kommt: er wollte aber, daß der Zuschauer die Courage kritisiere, die nicht erkennen will, daß die kleinen Leute in den Raubkriegen der Großen nichts gewinnen, sondern selbst die Beraubten werden. Es war Brechts Warnung, gerichtet an seine Landsleute ebenso wie an fremde Völker, nicht zu erwarten, der Krieg werde einen Bogen um sie machen.

«Der gute Mensch von Sezuan» 1940 beendete Brecht die Arbeit an dem Stück «Der gute Mensch von Sezuan». Die chinesische Provinz Sezuan wählte Brecht als stellvertretend für alle Orte, an denen Menschen von Menschen ausgebeutet werden. Im Vorspiel begeben sich drei der höchsten Götter auf die Erde, um herauszufinden, ob gute Menschen auch ein menschenwürdiges Leben führen können. Nach mannigfachen Enttäuschungen mit hartherzigen Leuten treffen sie das Mädchen Shen Te, die die Götter zur Nacht beherbergt. Als Dank lassen sie ihr eine kleine Summe Geld zurück, damit wenigstens sie zugleich gut sein und gut leben könne. Shen Te erwirbt davon einen Tabakladen. Aber sie ist zu hilfsbereit für diese notbeladene Welt. Sie hilft Bedürftigen, bis der Laden in Gefahr ist. Da erfindet Shen Te einen Vetter Shui Ta, einen harten Geschäftsmann, den sie angeblich herbeiruft. Als Vetter verkleidet, bringt sie ihre Geschäfte in Ordnung. Es sollte nur dies einzige Mal sein, aber Shui Ta muß immer wieder kommen, und er bleibt immer länger. Als Shen Te ein Kind erwartet, baut sie als Shui Ta rücksichtslos eine Tabakfabrik auf, denn das Kind soll einmal nicht in Not leben. Schließlich gerät der angebliche Shui Ta in den Verdacht, die gütige Shen Te umgebracht zu haben. Die Götter des Vorspiels sind das Gericht. Shen Te gibt sich zu erkennen, aber die Götter wollen nicht zur Kenntnis nehmen, daß ihr «guter Mensch» einen bösen Menschen erfinden mußte. Sie steigen wieder in den Himmel ihrer Gebote empor, Shen Te hilferufend zurücklassend.

«Herr Puntila und sein Knecht Matti»

In Finnland entstand das Volksstück «Herr Puntila und sein Knecht Matti». Der finnische Gutsbesitzer Puntila ist fast ein Mensch, wenn er betrunken ist, um im Zustand der Nüchternheit sofort wieder der Herr zu sein. Sein Chauffeur Matti ist abwechselnd Puntilas Freund und Puntilas Knecht. Matti begleitet seinen Brotgeber durch dessen leut- und schnapsselige wie bösartig-nüchterne Zustände, bis er ihm schließlich den Rücken kehrt. Gute Herren, meint Brecht, werden die Knechte erst dann finden, wenn sie selbst die Herren sind. Im «Puntila» wird das Thema des «guten Menschen» nach «oben» verlegt – freilich mit dem beträchtlichen Unterschied, daß sich die gütige Shen Te in den harten Shui Ta verwandeln muß, um im doppelten Sinne gut leben zu können, während es für den Gutsherrn Puntila ein anormaler Zustand ist, Menschenfreund zu sein.

«Der aufhaltsame Aufstieg des Arturo Ui»

Die Übersiedelung in die USA vor Augen, entwarf Brecht ein Stück, in dem er die Naziführer als amerikanische Gangster vorstellte. Das Stück zeigt Hitlers (Uis) Aufstieg zur Macht als den Aufstieg eines Gangsters, der aber «aufhaltbar» ist. Es schließt mit dem warnenden Satz: «Der Schoß ist fruchtbar noch, aus dem das kroch.»

Brecht bot sein neues Stück mehreren amerikanischen Theatern an. Aber niemand wollte den «Ui» oder eines seiner anderen Stücke spielen. Brecht verdiente etwas Geld mit dem Verfassen von Filmmanuskripten, aber keine Filmgesellschaft ließ die Bücher auch drehen. Nur ein antifaschistisches Filmprojekt «Auch Henker müssen sterben» gelangte auf die Leinwand. Es war gegen Brechts Willen zum Hollywoodreißer aufgemacht worden.

«Die Gesichte der Simone Machard»

In den USA schrieb Brecht die Stücke «Die Gesichte der Simone Machard» (mit Lion Feuchtwanger), «Schweyk im Zweiten Weltkrieg» und «Der kaukasische Kreidekreis». Die Stücke hängen thematisch zusammen. In «Simone Machard» erzählt Brecht die Geschichte eines französischen

Curt Bois als Puntila und Erwin Geschonneck als Matti in Brechts «Herr Puntila und sein Knecht Matti»

«Der aufhaltsame Aufstieg des Arturo Ui» mit Ekkehard Schall in der Titelrolle, Berliner Ensemble, 1959

Mädchens, das zum Widerstand gegen die deutschen Besatzungstruppen im zweiten Weltkrieg aufruft, von den Besitzenden aber verraten wird, die mit den Deutschen lieber zusammenarbeiten als ihr Eigentum gefährden wollen. Das Stück lehnt sich an das Schicksal der Jeanne d'Arc, auch die heilige Johanna genannt, an, in die sich Simone «in ihren Gesichten», also Träumen, hineinversetzt. Unter der deutschen Besetzung spielt auch das Stück

«Schweyk im Zweiten Weltkrieg» «Schweyk im Zweiten Weltkrieg» und es handelt ebenfalls vom Widerstand, hier aber von einem nicht heroischen, sondern eben von einem «schweykschen», denn Brecht wählte als Anknüpfungspunkt den Roman «Die Abenteuer des braven Soldaten Schwejk», von Jaroslav Hašek. Parallel zur Geschichte des Schweyk und anderer kleiner Leute in der besetzten Tschechoslowakei stellte Brecht auf einer anderen Ebene die Nazigrößen vor, die entsetzt den für sie ungünstigen Kriegsverlauf sehen müssen.

«Der kaukasische Kreidekreis» Im «Kaukasischen Kreidekreis» ist ein Teil der Sowjetunion, der Kaukasus, bereits von den faschistischen Truppen befreit. Es geht jetzt nicht mehr um Widerstand und Kampf, sondern um den Wiederaufbau des Landes. Im Vorspiel streiten zwei Kolchosen um ein Stück dieses befreiten Landes zur Nutzung. Sie einigten sich darauf, daß das Land diejenigen übernehmen sollen, die für alle aus ihm den größten Nutzen ziehen können. Dann folgt die festliche Aufführung, das alte Stück vom «Kaukasischen Kreideskreis», in dem eine Magd das Kind ihrer Herrin von dem Volksrichter Azdak zugesprochen bekommt; die Magd Grusche hat sich als die eigentliche Mutter erwiesen, weil sie das Kind, von der Mutter in der Stunde der Gefahr im Stich gelassen, gerettet und aufgezogen hat.

Das Berliner Ensemble 1949 gründete Brecht mit Helene Weigel das Berliner Ensemble. Er hatte schon in jungen Jahren darum gekämpft, ein Theater «in die Hand» zu bekommen, um mit ihm seine Stücke und seine Methoden der Theaterarbeit auszuprobieren. Erst dem 50jährigen ging dieser Lebenswunsch in Erfüllung. Das Berliner Ensemble spielte zunächst als Gast in dem von Wolfgang Langhoff geleiteten Deutschen Theater. Als erste Inszenierung zeigte Brecht sein Antikriegsstück «Mutter Courage und ihre Kinder». Sie hat inzwischen in der Theatergeschichte legendären Ruhm erlangt. 1951 übersiedelte das Ensemble in das Haus am Schiffbauerdamm, von wo Brecht/Weills «Dreigroschenoper» einst den Weg auf die Bühnen der Welt genommen hatte. Eine Einführung in die Theatergeschichte mit Brecht zu beenden heißt nicht, daß er die alles übertreffende Gestalt des Theaters und Dramas in unserer jüngsten Vergangenheit gewesen ist, der letzte Klassiker etwa oder ein Endpunkt gar.

Das Buch so zu beschließen hat nur den einen Grund, daß es seit Brecht noch nicht wieder einen Dichter und Theatermann gegeben hat, in dessen Arbeit die Weltgeschichte des Dramas und Theaters vergleichbar eingegangen ist und zu etwas unverwechselbar Neuem geführt hat. Da sind die Antike und das elisabethanische Theater wiederzufinden, Molière, die deutsche Klassik und die europäischen Realisten, die fernöstliche Tradition und der Broadway, und für das Theaterland DDR bereitete er mit seinen Freunden und Kampfgefährten einen sicheren Bauplatz. Aus diesem Fundus der Theatergeschichte schöpfen auch jene Länder, die erst in unserer Zeit beginnen konnten, eine nationale Theaterkultur aufzubauen.

Es ist unser Jahrhundert, in dem das Theater seine weltweite Ausdehnung erfährt, und zwar auf allen Kontinenten dieser Erde.

Junge Nationen schaffen sich ihr Theater

Theaterentwicklung in Afrika, Lateinamerika und Asien

Schwarz-Afrika

In den Ländern südlich der Sahara entwickelt sich ein modernes Theater in enger Verbindung mit dem Kampf gegen die Kolonialherrschaft und ihre Folgen. In den 60er Jahren unseres Jahrhunderts gelang es den meisten dieser Länder, ihre Unabhängigkeit zu erringen. Damit war der Boden für die Entfaltung eines reichen Theaterlebens bereitet. Seine Anfänge reichen noch in die Kolonialzeit zurück. In den Schulen hatten sich kleine Gruppen von gebildeten Afrikanern zusammengeschlossen, die in kurzen Szenen Themen aus dem alltäglichen Leben gestalteten. Auch heute sind es vor allem Schülergruppen und Spieltruppen, bestehend aus Laien und Berufsschauspielern, die Theater spielen, um das geistige Leben des Landes aufbauen zu helfen. Sie werden dabei von Jugendorganisationen und Gewerkschaften unterstützt. In den größeren Städten bildeten sich Amateurtheater, die dazu übergingen, regelmäßig Vorstellungen zu geben, und auch Berufsensembles entstanden. Die Stücke behandeln Themen aus der Geschichte Afrikas und aktuelle soziale Konflikte, wie sie unter anderem aus dem Zerfall der Großfamilie und der alten Dorfgemeinschaft erwachsen. Auch die

Das Nationalballett der Republik Guinea «Djoliba»

Djoliba ist der Landesname für den lebenswichtigen westafrikanischen Fluß Niger

Mythen und Legenden der Vergangenheit werden auf der Bühne wieder lebendig.

Ghana Traditionelle Darstellungsformen sind vor allem auf dem Lande zu Hause. Sie vereinigen Tanz, Gesang, Musik, Erzählung, wobei der Erzähler selbst auch Pantomime, Musiker und Sänger ist. Diese Vorstellungen finden im Freien, ohne Dekorationen statt. Das Publikum spielt lebhaft mit. Das Verhalten der Zuschauer ist dabei besonders eindrucksvoll. Ein Bericht aus Ghana: «Die Teilnahme des Publikums an Stücken ist meist überwältigend. Die Zuschauer lachen, applaudieren und äußern ihre zustimmenden Gefühle deutlich. Manchmal drücken sie ihre Gefühle dadurch aus, daß einige von ihnen demonstrativ auf die Bühne gehen, um einem Schauspieler Geld anzubieten, entweder als Anerkennung seiner darstellerischen Leistung oder weil sie mit dem übereinstimmen, was er in einem Lied oder Dialog ausdrückte. In ähnlicher Weise gehen gewöhnlich Frauen auf die Bühne und beglückwünschen einen Darsteller, indem sie ein Tuch oder ein Teil ihres Gewandes über seinen Kopf schwenken.» (Hans-Joachim Fiebach)

Ein schwieriges Problem ist die Sprache. Schreiben die Autoren in den Sprachen der ehemaligen Kolonialherren, heute in vielen Ländern noch die offiziellen Verkehrssprachen, dann werden sie von breiten Volksschichten nicht verstanden; wählen sie aber eine der zahlreichen afrikanischen Sprachen, dann bleibt ihre Wirkung auf einen kleinen Sprachkreis beschränkt. Zudem sind diese Sprachen kaum geeignet, die sehr viel komplizierter gewordene heutige Welt, vergleicht man sie mit den alten Lebensformen, überhaupt auszudrücken.

Athol Fugard Der bekannte afrikanische Dramatiker, Schauspieler und Theaterleiter Athol Fugard (geb. 1932) schreibt englisch. Er ist weißer Südafrikaner und wird wegen seiner Zusammenarbeit mit Schwarzafrikanern von der Rassistenregierung Südafrikas verfolgt. In seinen Stücken schildert er das Elend der schwarzen Bevölkerung. Sie werden in vielen Ländern der Welt aufgeführt.

Arabische Länder

Ägypten Auch im arabischen Teil Afrikas entwickelten sich eigene Theaterkulturen erst im 20. Jahrhundert. Alte Formen wie das Schattenspiel, das Puppenspiel oder das Spiel bei religiösen und weltlichen Umzügen waren in Vergessenheit geraten. Der Anstoß zur Ausbildung der Theaterkunst kam von Europa, vornehmlich aus Frankreich. Die Theatersprache war Französisch. Der Ägypter Georges Abiad (1880–1959) gründete das erste arabischsprachige Ensemble, das das arabische Versdrama «Verwundet in Beirut» von Hafiz Ibrahim 1912 aufführte. Gastspiele führten sein Ensemble auch in andere Länder Nordafrikas. Sein Beispiel wirkte anregend. Nach dem Vorbild des ägyptischen Theaters entstanden in den 20er Jahren die Anfänge einer nationalen Dramatik. Das algerische Theater hingegen konnte sich vor der Revolution von 1962 nicht entwickeln.

Algerien Algerien war politisch, wirtschaftlich und kulturell fest an Frankreich gebunden. Das französische Unterhaltungstheater bestimmte die Szene. 1963 bildete sich die erste algerische Theatergruppe, die Volksstücke aufführte und sich auf Brechts Theaterarbeit stützte.

Irak

Im Irak verlief die Entwicklung eines eigenen Theaters unter günstigeren Bedingungen; schon in den zwanziger Jahren arbeitete die Arabische Schauspielergesellschaft und eine nationale Schauspielergruppe. 1973 wurde das irakische Nationaltheater gegründet. Anders in Libanon: Hier gibt es bis heute weder Theatergebäude – gespielt wird in umgebauten Kinos – noch Berufsschauspieler. Ernst zu nehmende Bestrebungen um das libanesische Theater gehen von intellektuellen Zirkeln und Klubs aus.

Tunesien

Ein Beispiel für das Interesse, das die jungen Regierungen der befreiten Länder dem Theater entgegenbrachten, ist Tunis. Der Präsident Bourghiba hatte selbst Theater gespielt und widmete der Entwicklung des tunesischen Theaters große Aufmerksamkeit, und der Kulturminister trat selbst als Dramatiker hervor. Das Hammamat-Theaterzentrum, 1964 mit Unterstützung der tunesischen Regierung gegründet, ist zu einem Treffpunkt von arabischen und europäischen Theaterschaffenden geworden. Seit 1967 findet jährlich in Temphada (Algerien) das Theaterfestival der Mittelmeerländer statt.

Syrien

Die syrische Künstlergewerkschaft organisiert mit staatlicher Hilfe ebenfalls jährlich ein Theaterfestival in Damaskus, an dem sich die meisten arabischen Länder beteiligen. Eines seiner Ziele besteht darin, zur Herausbildung einer einheitlichen arabischen Theatersprache beizutragen, um die Verständigungsschwierigkeiten zu überwinden, die die Vielzahl der Dialekte mit sich bringen.

Lateinamerika

Mexiko
Argentinien

Die Theaterentwicklung in Lateinamerika verlief in den einzelnen Ländern sehr unterschiedlich. Während in Mexiko und in Argentinien die spanischen Eroberer auch das Theater eingeführt und sich über die Jahrhunderte eigen-

«Die Ausnahme und die
Regel», Aufführung zum
Theaterfestival Hammamat,
Tunesien, 1970

Brasilien

ständige Theaterkulturen herausgebildet hatten, blieben viele Länder weiße Flecken auf der Theaterlandkarte.

Im größten Land Südamerikas, in Brasilien, setzte der portugiesische König 1810 das Theater durch eine Verordnung ein. Mehr als hundert Jahre wurde auf der Bühne portugiesisch gesprochen, auch noch zu einer Zeit, als sich längst aus der Sprache der ehemaligen Kolonialherren ein eigener «brasilianischer» Sprachgebrauch geformt hatte. 1925 gelang es den Autoren Renato Viana (1894–1935) und Joracy Camargo (1898–1972), mit ihren Komödien eine nationale Bühnenkunst zu begründen. Endlich konnte das Publikum außerhalb der Großstädte Rio de Janeiro und São Paulo den Dialog der Schauspieler verstehen. Camargos Komödie «Vergelt's Gott» erreichte beim Publikum außerordentliche Beliebtheit, so daß dieses Stück brasilianischen Theatertruppen half, sich während der Weltwirtschaftskrise finanziell über Wasser zu halten. Dem Ensemble «Os Comediantes» in Rio de Janeiro und dem «Teatro Brasileiro de Comedia» in São Paulo verdankt das brasilianische Theater Aufführungen, die ihm einen Platz im Welttheater sicherten. In São Paulo ist auch die derzeit engagierteste Theatertruppe, das «Teatro Arena», beheimatet. Ihr Gründer, der Dramatiker und Regisseur Augusto Boal (geb. 1931), schildert in seinen Stücken die krassen Gegensätze zwischen den wenigen Reichen und der bitteren Armut der Mehrheit der brasilianischen Bevölkerung, für die er mit seinem Ensemble spielt. Augusto Boal inszenierte seine Stücke in vielen Ländern Amerikas, auch das «Arena-Theater» errang bei Gastspielen im Ausland große Anerkennung und Zustimmung. Dennoch befindet sich das brasilianische Theater in einer schwierigen Lage. Es gibt wenige Autoren, die es wagen, trotz der strengen staatlichen Zensur für die Bühne zu schreiben. Und das Theater selbst – sehr lange

«Der geflochtene Kreis» von Jorge Gajardo, Teatro Lautaro, Chilenisches Schauspielensemble am Volkstheater Rostock, 1975

«Der Knochen», Aufführung des Internationalen Zentrums des kreativen Theaters, Paris, 1979

Vergnügungsstätte der Reichen und Gebildeten – ist für viele Brasilianer noch ein Luxus, den sie sich nicht leisten können.

Chile

Das chilenische Theater entwickelte sich seit Beginn dieses Jahrhunderts in enger Verbindung mit der sich organisierenden Arbeiterklasse. Unter dem Schutz der Gewerkschaftsorganisationen entstand ein attraktives Arbeitertheater. Es wurde von dem Arbeiterführer Luis Emilio Recabarren ins Leben gerufen. Er war auch der erste proletarische Dramatiker Chiles. Sein Stück «Die Salpeterblume» wurde viele Jahre in den Bergwerksgesellschaften im Norden des Landes gezeigt. Ab 1938 gab es an den Universitäten Studententheater, die sich zu Berufsensembles mit hoher künstlerischer Meisterschaft formierten. Bis 1973 war das «Departemento de Teatro» die wichtigste Theaterorganisation. Sie unterhielt Berufsensembles und eine Theaterschule, unterstützte die Amateurtheater und förderte durch Wettbewerbe die nationale Dramatik. Besonders in der Zeit der Regierung der Unidad Popular (1970 – 1973) genoß das revolutionär-demokratische Theater staatliche Hilfe und Anerkennung. Nach dem Putsch der faschistischen Junta wurden die fortschrittlichen Theater zerschlagen und ihre Mitglieder verfolgt. Viele Künstler retteten sich in die Emigration. In ihren Gastländern schlossen sie sich zu neuen Theatergruppen zusammen, um ihren Kampf fortzusetzen und die demokratischen Traditionen des chilenischen Theaters am Leben zu erhalten. Das «Teatro Lautaro» fand 1973/74 am Volkstheater Rostock eine neue Wirkungsstätte. Seine zweite Inszenierung «Der geflochtene Kreis» widmete es den Kindern. Ein Schauspieler der Truppe, der in dieser chilenischen Variante des Brechtschen «Kreidekreises» in seiner Heimat mitgespielt hatte, schrieb den Text aus der Erinnerung auf. Die Aufführung erhielt nicht nur in der DDR, sondern auch bei Gastspielen in ande-

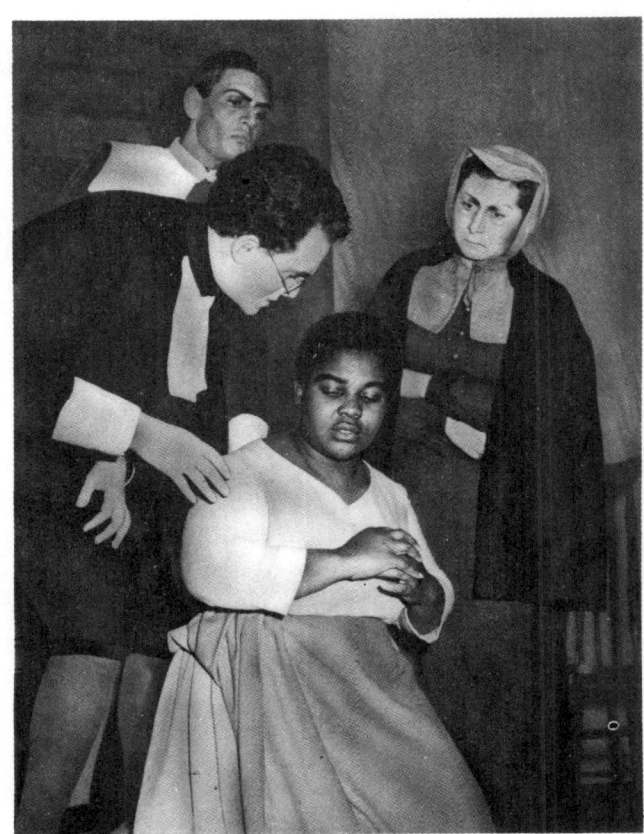

«Die Hexen von Salem» von Arthur Miller, Teatro el Galpon, Montevideo

«Tiger Peter» von Hanna Januszewska, Teatro Nacional de guiñol, Havanna

Uruguay

ren Ländern begeisterte Zustimmung. Ein vergleichbares Schicksal erlitt das Theater «El Galpon» aus Uruguay. Es zählt zu den bedeutendsten Theaterensembles in Lateinamerika und arbeitet seit 1979 im mexikanischen Exil, nachdem das Militärregime in Uruguay das Theater 1976 für ungesetzlich erklärt hatte. Seit seiner Gründung, 1949, hat das Theater annähernd 100 Inszenierungen herausgebracht, darunter auch etliche Uraufführungen von Stücken lateinamerikanischer Autoren. Es unterhielt eine eigene Schauspiel- und Puppentheaterschule. Zwei selbstgebaute Theatersäle in Montevideo dienten auch Konzerten und Ausstellungen. Heute besitzt das Ensemble in Mexiko-Stadt ein festes Gebäude.

Kuba

Das kubanische Theater verdankt seinen heutigen Rang der siegreichen Revolution von 1959. Autoren, deren Stücke man zuvor nur lesen konnte, wurden in den neugegründeten Theatern gespielt. Fachleute aus vielen Ländern unterstützten durch Vorträge, Seminare und Inszenierungen den kulturellen Aufbau des Landes. In allen Provinzen bildeten sich Theatertruppen, die bis in die entlegensten Gebiete der Insel reisten, um durch ihre theatralischen Darstellungen der Landbevölkerung die revolutionären Ereignisse anschaulich zu erklären. So erarbeitete beispielsweise das «Teatro Escambray» seit 1969 in den Bergen des Escambras seine Stücke im engen Kontakt mit den Bauern. Der nationale Kulturrat, von dem die Theater finanziell unterstützt werden, veranstaltet regelmäßige Theaterfestivals, die für die Truppen zu einem wesentlichen Ort des Erfahrungsaustausches geworden sind. Bedeutungsvoll für das sich entwickelnde kubanische Nationaltheater erwies sich die Theaterarbeit Brechts.

Asien

Indien

Auch in Indien setzte die Entwicklung eines modernen Theaters und Dramas mit dem Erwachen des indischen Nationalbewußtseins und der antikolonialistischen Bewegung im 19. Jahrhundert ein. Amateurtruppen, private Theatergesellschaften und Klubs an Universitäten übertrugen europäische Theaterformen und verbanden sie mit der vielsprachigen indischen Theaterkultur. Bereits 1872 war in Kalkutta ein Nationaltheater eröffnet worden. Der Dichter Rabindranath Tagore (1861 – 1941) knüpfte in seinen Stücken an das indische Volkstheater und das Sanskrit-Drama an. Er hatte in England studiert. Die Vermittlung von europäischem Theater und indischer Tradition hat sein Schaffen bestimmt. Es ist ein Protest gegen alle Formen der Gewaltherrschaft, besonders die der Kolonialherren. 1913 wurde er für sein Werk mit dem Nobelpreis geehrt. Aber erst nach der Befreiung Indiens von der britischen Herrschaft im Jahre 1947 konnte sich das indische Theater frei entfalten. 1962 wurde in New Delhi die National School of Drama gegründet. Sie hat einen wesentlichen Anteil daran, daß sich in der Indischen Union eine überregionale Dramatik entwickelt hat, die Mittel der alten indischen Theaterkultur in sich bewahrt und Anregungen des modernen Welttheaters fruchtbringend aufnimmt.

Indonesien

In Indonesien begann mit der Gründung der unabhängigen Republik 1945 eine neue Ära für das Theater. Es entstanden viele Amateurtheater, die zum einen die alte Form des Wayang (Schattenspiel, Musik, Tanz) aufgriffen und zum anderen auf dem seit Anfang des Jahrhunderts in Indonesien bekannt gewordenen Sprechtheater europäischer Prägung aufbauten. In einem einzigen Bezirk in Ostjava konnte man 2 200 solcher Gruppen zählen. Aus dieser großen Fülle von Talenten schöpft das 1970 ins Leben gerufene Berufsensemble – das Jakarta-Theater.

Auch in Sri Lanka stützt sich die Theaterbewegung noch vorrangig auf das Laientheater, das nach der nationalen Befreiung eine neue Bedeutung erhielt. Besonders die Universität Colombo ist bemüht, ein auf einheimischen Traditionen fußendes Theater zu schaffen. Dies gelang bisher besonders dem Dramatiker und Wissenschaftler Edwihara Sarchchandra, der Dramen nach alten Volkserzählungen schreibt und mit der Amateurgruppe der Universität aufführt.

Vietnam

Reich an Traditionen ist das vietnamesische Theater. Bereits im 10. und 11. Jahrhundert entwickelte sich im Norden des Landes eine bäuerliche Theaterkunst, «Cheo» genannt. Ihre tausendjährige Geschichte als Wandertheater endete 1883, als die französischen Besatzer den Cheo-Truppen befahlen, in festen Häusern in Hanio, Hai Phong und Nam Dinh zur Unterhaltung ihrer Soldaten zu spielen. Das Volkstheater verfiel und erfuhr erst 1928 durch Nguyen Dinh Nghi eine Wiederbelebung im «Cheo Cai-Luong».

Eine andere Form des klassischen vietnamesischen Theaters ist die Tuong-Kunst. Ebenso alt und traditionsreich wie das Cheo, erreichte sie im 18. und 19. Jahrhundert ihren glanzvollen Höhepunkt. Kein Fest am kaiserlichen Hofe verging, ohne daß Tuong-Spieler auftraten. Aber auch in den Dörfern zeigten die wandernden Tuong-Gruppen ihre kunstvollen Darbietungen.

«Der kaukasische Kreidekreis» für Kinder, 1981 aufgeführt vom PETA-Ensemble (Philippinische Vereinigung für Theater in der Erziehung), Manila. Schlußszene während einer Vorstellung in den Slums

Die Tuong-Bühne kennt weder einen Vorhang noch Dekorationen. Das gestenreiche Spiel der Darsteller, verbunden mit Gesang, Tanz, Pantomime, unterstützt durch Musik, zieht die Zuschauer ganz in seinen Bann. Das Publikum kennt die Zeichensprache dieser Kunst: das Ruder symbolisiert das Boot, die Peitsche das Pferd und die Maske des Spielers seinen Charakter. Unter der französischen Fremdherrschaft wurde dieses vom Volke geliebte Theater unterdrückt, in einigen Gebieten sogar ausgerottet. Die Tuong-Kunst entstand nach der Befreiung Nordvietnams 1954 neu und erhielt in Hanoi eine sorgsam gepflegte Bühne. Ihr gehören 200 Künstler, Schauspieler und Musiker an, die einen Spielplan von fünfzig Tuong-Dramen bestreiten. Für dieses Staatstheater und die Bühnen in den Provinzen sorgen Schulen der Tuong-Kunst für einen begabten Nachwuchs.

1920 entstand, zunächst unter französischem Einfluß, das Sprechtheater Kich Noi, das bald einen eigenständigen Weg einschlug. Studenten, Schriftsteller und Journalisten gründeten 1921 die Gesellschaft «Uan Hoa» (zum Finden von versteckten Blumen). Das Kich Noi wurde zu einer politischen Tribüne im Befreiungskampf. Es unterlag einer strengen Zensur durch die Kolonialmächte Frankreich und Japan, die es aber nicht vermochten, die Entwicklung einer revolutionären vietnamesischen Dramatik zu verhindern. Zwischen den beiden Kriegen (1954 – 1965) wurden erstmalig Schauspieler für das Kich Noi ausgebildet. Auch die Beschäftigung mit dem Werk Bertolt Brechts befruchtete dieses Theater.

Der US-amerikanische Überfall unterbrach diesen hoffnungsvollen Neubeginn des vietnamesischen Theaters. Er fand 1975/76 seine Fortsetzung im Dienste des Wiederaufbaus des Landes. Die Gründung des Nationaltheaters in Ho-Chi-Minh-Stadt im selben Jahr ist dafür beredter Ausdruck.

Tuong-Theater, Hanoi

Fünfzig Begriffe aus der Welt des Theaters

Akt	(lat. actus = Handlung) Einteilung des Handlungsablaufs in einem Drama. Heutige Autoren gliedern ihre Stücke meist in Szenen oder Bilder
Anrecht	Vertrag des Zuschauers mit dem Theater über den Besuch von Vorstellungen
Aufführung	von einem Regie-Kollektiv (Regisseur, Bühnen-, Kostümbildner, Dramaturg) mit Schauspielern erarbeitete Inszenierung
Ausstattung	zusammenfassender Begriff für die optische Gestaltung einer Aufführung, der die künstlerische Einheit von Bühnenbild, Kostüm und Maske ausdrückt
Bühnenbeleuchtung	Ausleuchtung der Bühne mit Scheinwerfern, die von einem Stellwerk aus gesteuert werden. In einer Beleuchtungsprobe legt der Regisseur mit dem Bühnenbildner und dem Beleuchtungsinspektor die Lichteinwirkungen und -effekte für eine Aufführung fest
Bühnenbild	Gestaltung des Bühnenraumes, entworfen vom Bühnenbildner, der auch den Bau der Dekoration in der Theaterwerkstatt überwacht
Bühnenkostüm	Kleidung des Schauspielers zur Charakterisierung einer Figur, die ihm hilft, sich in eine Rolle zu verwandeln
Bühnenmusik	Musik, die in der Bühnenhandlung eine bestimmte Funktion hat
Bühnentechnik	Konstruktionen und Apparate, die durch Heben, Versenken, Verschieben usw. zur Veränderung der Szene benutzt werden
Charakter	dramaturgischer Begriff für eine mit bestimmten individuellen Eigenschaften ausgestattete Figur, im Unterschied zum Typ oder zur Maske
Dramatik	Gattungsbegriff für Theaterliteratur im Unterschied zu Epik und Lyrik, abgeleitet von dem Wort Drama (griech. Handlung)
Dramaturg	(griech. dramaturgein = ein Drama verfassen) Nur im Deutschen seit Lessing eine Berufsbezeichnung für den wissenschaftlichen und kulturpolitischen Mitarbeiter der Theaterleitung: verantwortlich für den Spielplan, die Zusammenarbeit mit Autoren und gesellschaftlichen Institutionen, erarbeitet mit dem Regisseur die Regiekonzeption; schreibt Programmhefte und Artikel
Dramaturgie	1. Büro der Dramaturgen am Theater 2. Aufbau und Komposition eines Stückes, Hörspiels, Films
Dialog	Gespräch zwischen zwei oder mehreren Personen. Rede und Gegenrede der handelnden Figuren bilden das grundlegende sprachliche Gestaltungselement eines dramatischen Werkes
Drehbühne	drehbare Kreisfläche im Bühnenboden oder als Scheibe aufgelegt. Sie bietet die Möglichkeit eines sehr schnellen Orts- oder Szenenwechsels
eiserner Vorhang	trennt feuersicher die Bühne vom Zuschauerraum. Wurde nach dem Theaterbrand im Wiener Ringtheater, bei dem 1881 450 Menschen in den Flammen umkamen, im deutschsprachigen Raum eingeführt.

Engagement	Verpflichtung, Abschluß eines Arbeitsvertrages für Künstler am Theater. Im allgemeinen Sprachgebrauch: sich für etwas einsetzen, Partei ergreifen (franz. = Zusammengehörendes, Ganzes)
Ensemble	Darstellerkollektiv, das im Gegensatz zum Startheater auf der Bühne ein gemeinsames Anliegen vertritt
Epilog	Nachwort, Schlußwort einer Aufführung, mit dem sich ein Darsteller an das Publikum wendet, oftmals mit der Aufforderung, aus dem Bühnengeschehen Lehren zu ziehen und das Spiel der Schauspieler mit Nachsicht zu beurteilen
Fabel	die Geschichte, die mit einer bestimmten Absicht auf der Bühne erzählt wird. Nach Brecht «das Herzstück der theatralischen Veranstaltung»
Farce	(lat. farcire = vollstopfen) ursprünglich ein komisches Zwischenspiel im mittelalterlichen Misterienspiel in Frankreich. Seit dem 13. Jahrhundert selbständiges, derbkomisches Stück in Versen
Gestik	Gebärdensprache des Schauspielers, neben der Sprache und der Mimik (dem Gesichtsausdruck) das wichtigste Darstellungsmittel
Gestus	von Brecht geprägter Ausdruck für Haltungen, die die Figuren zueinander einnehmen
Inspizient	verantwortlich für den Ablauf der Proben und Vorstellungen, sorgt für den pünktlichen Beginn der Vorstellung, ruft die Darsteller zum Auftritt und gibt der Beleuchtung und der Bühnentechnik Zeichen für ihren Einsatz (franz. mise en scéne, in Szene setzen)
Inszenierung	das vom Regisseur geleitete Kunstwerk Aufführung
Intendant	Leiter eines Theaters, verantwortet, welche Stücke aufgeführt werden; engagiert die Schauspieler und die Mitarbeiter, die ein Theater benötigt. Er sorgt auch dafür, daß das Geld, das jedem Theater zur Verfügung steht, gewissenhaft verwendet wird.
Kammerspiele	1. Bezeichnung für Stücke mit wenig Personen und viel Dialog 2. Nach der Jahrhundertwende auch kleine intime Zuschauerräume
Kleindarsteller	auch Statist oder Komparse – Mitwirkender in kleinen, stummen Rollen, oft in Massenszenen, besonders im Film. Wird meist für eine bestimmte Aufgabe gewonnen, die er neben seiner Arbeit übernimmt
Konflikt	wichtige Kategorie des Dramas – Spieler und Gegenspieler stoßen mit ihren unterschiedlichen Interessen und Haltungen aufeinander, die der subjektive, konkrete Ausdruck gesellschaftlicher Widersprüche sind
Maskenbildner	stellt Masken und Haartrachten (Perücken, Bärte) her. Schminkt den Darsteller entsprechend dem Charakter der Rolle
Monolog	Selbstgespräch (im Gegensatz zum Dialog), in dem eine Figur sich selbst vorstellt, ihre Absichten und Gedanken mitteilt oder über ein Geschehen, das der Zuschauer nicht sieht, berichtet
Nationaltheater	Der Gedanke, Nationaltheater zu gründen, entstand im 18. Jahrhundert, als das Bürgertum die politische und kulturelle Einheit der Nation anstrebte. Im Gegensatz zum höfischen Theater des Adels sollte es ein Theater für die ganze Nation sein. Viele unterdrückte Länder errichteten nach ihrer Befreiung Nationaltheater, um die oftmals durch ausländische Einflüsse verschütteten eigenen kulturellen Traditionen wiederzubeleben und zu fördern.
Pantomime	(griech. pantomimos = alles nachahmend) gestisches Spiel ohne Worte; auch Bezeichnung für den Darsteller dieser Kunstform

Podium	feste oder bewegliche Plattform, die in einem größeren Raum als Bühne dient; auch Teil des Bühnenfußbodens
Premiere	erste Vorstellung eines neu einstudierten Stückes, ein im Theater mit Spannung erwartetes Ereignis, bei dem sich oft entscheidet, wie die Zuschauer die Aufführung annehmen und wie sie die anwesenden Kritiker beurteilen
Prolog	Vorrede eines Theaterstückes, die dem Zuschauer das Verständnis der Aufführung erleichtert und auf Ort und Zeit der Handlung hinweist; auch Bezeichnung für kleinere, in sich geschlossene Vorspiele
Rampe	vordere Begrenzung der Bühne, ursprünglich eine ansteigende Schräge, auf der man aus dem Zuschauerraum auf die Bühne gelangen konnte
Rampenlicht	Beleuchtung, die an der Rampe angebracht ist und der Bühne von unten Licht gibt; früher an der Rampe aufgestellte Lichter
Regisseur	künstlerischer Leiter einer Aufführung, er denkt sich aus, wie ein Stück auf der Bühne optische Gestalt annehmen kann, welche Schauspieler die Rollen spielen, leitet die Proben und achtet darauf, daß alles – das Spiel der Schauspieler, Bühnenbild, Kostüme, Musik und die Bühnentechnik – eine künstlerische Einheit bildet
Requisiten	Gegenstände, die der Schauspieler für sein Spiel braucht oder die das Bühnenbild vervollständigen (z.B. Bilder, Vasen, Kissen)
Requisiteur	verantwortlich für die Beschaffung und Herstellung der Requisiten, auch der in der Vorstellung verwendeten Speisen und Getränke
Repertoire	alle Werke, die ein Theater auf seinem Spielplan hat, beziehungsweise alle Rollen, Lieder und Vortragsstücke, die ein darstellender Künstler beherrscht
Rolle	Figur, die der Schauspieler darstellt. Früher wurde der Text aus einem Stück für die Darsteller auf eine Papierrolle geschrieben
Rundhorizont	seit Einführung der Drehbühne runder Abschluß des Bühnenraumes, zumeist eine breite, aufrollbare Leinwand, die im Schnürboden hängt
Schnürboden	hoher Raum über der Bühne, in dem an Seilzügen Dekorationsteile und Prospekte hängen
Soffitte	über der Bühne hängendes Dekorationsteil als obere Blickbegrenzung für den Zuschauer
Souffleuse	sagt dem Schauspieler vor, wenn er den Text nicht weiß, aber so leise, daß es das Publikum nicht hört
Versenkung	Teil des Bühnenbodens, der durch eine Vorrichtung in der Unterbühne gesenkt oder hochgefahren wird
Vorstellung	laufende Wiederholung einer Aufführung, die dennoch immer wieder neu ist, weil ein anderes Publikum sie sieht und auf das Spiel der Schauspieler reagiert
Uraufführung	ein Theaterstück wird zum allerersten Male öffentlich gespielt; Erstaufführungen hingegen sind Werke, die in einer anderen Sprache oder in einem anderen Land erstmalig inszeniert werden

Inhalt

Quellenverzeichnis:

Karl von Appen 1; Berliner Stadtbibliothek 1; Deutsche Akademie der Künste 16; Deutsche Staatsbibliothek Berlin/DDR, Porträtsammlung 28, Kinderbuchabteilung 4; Bernt Karger-Decker 2; Heinrich Kilger 2; Kunstsammlungen zu Weimar 1; Märkisches Museum Berlin 1; Harald Metzkes 1; Museum für Völkerkunde Dresden 1; Nationale Forschungs- und Gedenkstätten der klassischen deutschen Literatur in Weimar 18; Ronald Paris 1; Horst Sagert 2; Staatliche Museen zu Berlin, Antikensammlung 11, Ostasiatische Sammlung 2; Staatliche Museen Meiningen 1; Staatliche Kunstsammlungen Dresden, Kupferstichkabinett 16, Skulpturensammlung 1, Gemäldegalerie 1; Schloßmuseum Gotha, Antikensammlung 1

Fotos: ADN 10; Archiv des Verlages 11; Jochen Baltzer 3; Brecht-Archiv 3; Berliner Ensemble – Hainer Hill 1, Percy Paukschta 6; Büro Berliner Festtage 1; Deutsche Fotothek Dresden 21; Deutsches Theater 3 – Pepita Engel 1; Helmut Güttner 1; Peter Hein 56; Henschel Verlag – Theater der Zeit 7; Eva Kemlein 6; Künstleragentur der DDR9; Günter Nerlich 3; Hans Pölkow 1; Gerhard Reinhold 4; Eberhard Renno 1; Willi Saeger 2; Wolfgang Schröter 1; Otto Sill 2; Ernst Schumacher 2; Josef Vaniš; Volksbühne 1 – Harry Hirschfeld 1; Volkstheater Rostock – Patricia Cardenal 1; Susanne Wilde 1

Illustrationen: Wolfgang Freitag 6

ISBN 3-358-01013-9

2. Auflage 1988
© DER KINDERBUCHVERLAG BERLIN – DDR 1984
Gesamtgestaltung: Hans Spörri
Lizenz-Nr. 304-270/407/88
Lichtsatz: Ostsee-Druck Rostock
Repro, Druck und buchbinderische Verarbeitung:
Grafischer Großbetrieb Sachsendruck Plauen
LSV 7830
Für Leser von 12 Jahren an
Bestell-Nr. 632 212 8
01680

Figuren für Kindertheater.
Dritter Bogen.

Die böse Fee.   Der Prinz.   Der Falkner.   Die gute Fee.   Der Astrolog.

Der geheimnißvolle Unbekannte.   Der Bandit.   Der Vormund.   Das Waisenkind.   Der Scharfrichter.

Der Holzhauer.   Der Zwergenkönig.   Die Zigeunerin.   Der Nachtwächter.   Der Wirth.

Münchener Bilderbogen.   Nro. 318.   Herausgegeben und verlegt von K. Braun und F. Schneider in München.

Druck von C. A. Schurich in München.